国家自然科学基金青年项目"逆全球化下的消费者全球－本土认同：理论重构、深层机制及中国品牌全球化定位战略的管理应用（批准号：72102073）"

华东师范大学青年预研究项目"'深耕本土'还是'放眼全球'？双循环新发展格局下品牌定位战略对消费者决策的影响研究"（批准号 2021ECNU-YYJ025）"

深耕本土
还是放眼全球

双循环发展格局下的
品牌管理研究

吴漪 著

上海交通大学出版社
SHANGHAI JIAO TONG UNIVERSITY PRESS

内容提要

　　本书聚焦于逆全球化浪潮中的品牌和消费者,试图对新时代背景下中国企业选择、执行及管理品牌战略提供学术视角下的理解和建议,同时为政府构建"双循环"新发展格局提供品牌管理方面的政策建议。其中,"理论思想"篇分别从品牌和消费者两个角度梳理研究现状,概述品牌管理的重点理论问题。"战略实践"篇则基于实证研究提出具体管理建议包括通过品牌真实性加强全球品牌建设、通过提升文化融合度提升本土化战略效果、基于品牌定位影响消费者选择及利用情绪线索传递品牌价值观等。

　　本书可供高校工商管理专业的学生教师参考,也是企业管理人员的有用参考读物。

图书在版编目(CIP)数据

　　深耕本土还是放眼全球：双循环发展格局下的品牌
管理研究／吴漪著. -- 上海：上海交通大学出版社,
2024.9 -- ISBN 978-7-313-31614-1

　　Ⅰ．F273.2

　　中国国家版本馆 CIP 数据核字第 2024YM2826 号

深耕本土还是放眼全球：双循环发展格局下的品牌管理研究
SHENGENG BENTU HAISHI FANGYAN QUANQIU: SHUANGXUNHUAN FAZHAN GEJUXIA DE PINPAI GUANLI YANJIU

著　　者：吴　漪			
出版发行：上海交通大学出版社		地　　址：上海市番禺路 951 号
邮政编码：200030		电　　话：021 - 64071208
印　　制：上海万卷印刷股份有限公司		经　　销：全国新华书店
开　　本：710 mm×1000 mm　1/16		印　　张：11
字　　数：167 千字		
版　　次：2024 年 9 月第 1 版		印　　次：2024 年 9 月第 1 次印刷
书　　号：ISBN 978 - 7 - 313 - 31614 - 1		
定　　价：88.00 元		

全球化是指世界各国通过贸易、移民及信息或思想交流，彼此影响并趋向相同的过程（Arnett，2002）。例如，世界各地的人们对全球品牌和全球流行文化拥有更高的接受程度（Alden 等，1999）——喝饮料选择可口可乐，休闲时要穿 T 恤和牛仔裤，娱乐时则会登录网飞（Netflix）。然而，根据世界银行数据，尽管 1970 年到 2008 年间，出口占全球国内生产总值的比例持续增长，从 13.65％平稳上升至 30.77％；但在此之后，出口占全球国内生产总值的比例始终处于波动状态，且再也没有回归 2008 年的峰值。这表明全球贸易和资本流动停滞不前，甚至存在着下降趋势。相应地，从贫穷国家到富裕国家的净移民人数也有所减少——2018 年，流向美国的净移民数量甚至达到十年来的最低点（New York Times，2019）。世界范围内的一系列公共事件也表明了人们抵制全球化、保护本国利益的诉求，如 2016 年的英国"BREXIT"脱欧公投、2018 年的法国黄马甲运动，以及 2019 年来持续动态发展的中美贸易摩擦等。世界面临着百年未有之大变局，逆全球化趋势愈发明显，急剧冲击了全球产业链，这不仅向中国跨国公司创建或发展全球业务提出了重大挑战，也为其创建与管理本土品牌提供了新契机。

为了应对复杂的国际环境，我国"十四五"规划更是明确提出要"加快构建以国内大循环为主体、国内国际双循环相互促进的发展格局"，更加突显培育品牌以取得高附加值的重要性。事实上，中国企业在品牌创建和管理革新上也取得了长足进步：一方面，元气森林、认养一头牛等专注于本土年轻消费者的新兴品牌正大量涌现；另一方面，华为、SHEIN 等品牌也在海外抢占了大量市场份额，开辟了新的经济增长路径。然而，与这些丰富案例不对等的是，理论研究尚未全面深入地探索人们在全球化和逆全球化中的心理和行为变化规律，从而为中国跨国公司及品牌深度融入全球经济循环体系提供战略性指引。

基于这样的现实趋势和理论背景，本书聚焦于逆全球化浪潮中的品牌和消费者，试图对新时代背景下中国企业选择、执行及管理品牌战略的战略取向和管理措施提供学术视角下的理解和建议，同时为政府构建"双循环"新发展格局的战略选择与发展路径提供品牌管理方面的具体政策支持。具体地，"理论思想"篇通过概述全球品牌资产和消费者全球—本土认同领域的研究现状，分别从品牌和消费者两个角度梳理新形势下进行品牌管理的重点问题。"战略实践"篇则涵盖四项实证研究，为中国企业进行品牌管理提供具体指引，包括通过品牌真实性加强全球品牌建设、通过提升文化融合度提升本土化战略效果、基于品牌定位影响消费者选择及利用情绪线索传递品牌价值观等。

本书汇集了笔者近十年来在"全球品牌化"领域开展的理论和实证研究。书中大部分成果以论文的形式在国内外学术期刊发表，少部分内容是首次发表。其中，第一章、第二章和第三章与何佳讯教授合作完成；第四章与才源源副教授、何佳讯教授和刘成才同学合作完成；第五章与才源源副教授和吴嘉慧同学合作完成；第六章与才源源副教授和何佳讯教授共同完成。硕士研究生参与合作的研究是在我指导下的，他们参与我主持的国家自然科学基金青年项目"逆全球化下的消费者全球—本土认同：理论重构、深层机制及中国品牌全球化定位战略的管理应用（批准号：72102073）"。感谢他们在研究过程中的投入和论文合作中的付出。本书的内容概括如下。

第一章旨在为理解逆全球化中的品牌提供系统性理论视角，主要关注的是全球品牌区别于一般品牌的价值来源，即全球品牌资产。首先总结现有文献关于全球品牌资产的两类概念内涵，再从整合视角对全球品牌资产的构念进行重新界定，同时应用品牌价值链模型表征不同全球品牌资产内涵与全球品牌价值之间的关系，再分别阐述与之对应的三种测量方式，并论述经济发展水平、文化价值观和品牌来源国对全球品牌资产评价及其效应的影响机制。最后，展望未来研究方向，为国内关注该研究主题的学者提供参考。

第二章旨在为理解逆全球化中的消费者提供系统性理论视角，主要关注的是全球化和逆全球化交错发展的态势对消费者的身份认同产生的深远影响，即全球—本土认同。尽管营销学、国际商务及社会心理学等领域已基于该主题展开了较为广泛的探索，但现有文献在界定全球—本土认同时的理论基础和关注重点各有差异，对其效应机制及影响后果的研究也各有侧重，有时甚至会呈现不太一致的结论。通过整合与梳理国内外相关文献，本章提出关于全球—本土认同的分类理论框架，将其进一步区分成消费文化视角下的全球—本土认同、公民社群视角下的全球—本土认同及二元视角下的全球—本土认同，并通过对理论基础、测量和操作方式及研究现状的阐述，初步揭示了不同界定视角之间的联系与差异。在此基础上，提出值得关注的若干未来研究方向。

　　第三章旨在关注全球品牌资产影响消费者态度评价的效应机制。具体地，选取感知质量和全球神话两个全球品牌资产维度，引入品牌真实性这一新概念，探究全球品牌资产如何通过品牌真实性对消费者态度产生影响作用，同时检验该机制在不同来源国的全球品牌上的差异化表征。基于问卷调查的分析结果发现，感知质量和全球神话分别对可信、象征、持续和正直等品牌真实性维度存在正向促进作用；可信、象征和持续对品牌购买可能性存在正向影响；对于中国本土消费者，感知质量对品牌购买可能性影响的总效应在本土全球品牌(vs. 外国全球品牌)上表现更高。

　　第四章旨在探究逆全球化浪潮中全球品牌进入新兴市场的重要战略之一——全球本土化。具体地，本章探究的是该战略的普遍表现形式：在延伸产品中融入本土文化元素。本章从文化视角系统地构建了一项整合性机制研究，运用问卷调查法发现，对于全球品牌的中国元素延伸产品，提升中国元素蕴含的本土文化内涵与全球品牌代表的全球消费文化的融合程度，是该类产品赢得消费者积极评价的先决条件。在上述关系中，感知品牌延伸真实性具有比相关性和相似性更强的中介效应；消费者全球—本土文化内隐观则调节文化融合度对产品购买可能性的直接效应。

　　第五章旨在探究本土品牌定位和全球品牌定位在整体上如何能情境性地影响消费者的潜在心理过程，并进一步影响其与品牌无关的后续行为决策。具体地，本章关注的是，品牌定位战略是否以及如何影响个体产品选择。一项问卷调查和三项实验一致表明，相对于全球品牌定位，本地品牌定位通过强化消费者的感知相似性和社会联系感知，最终提升其在产品决策中的从众倾向。与此同时，上述效应在具有相似性聚焦的消费者中会被削弱。这些发现揭示了品牌定位战略对消费者行为的新颖下游影响，并为理解本地品牌不同于全球品牌的潜在心理内涵提供了更为广泛的理论基础。同时，对企业实施本土和全球品牌定位战略，以及推广大众或小众产品提供了实际管理指引。

第六章旨在考察偶发情绪如何与被表征为人类价值观的品牌概念相互作用，从而影响消费者的品牌态度。基于真实品牌和虚拟品牌开展的三项实验研究显示，偶发情绪与品牌概念在动机上的匹配性会通过提升消费者信息处理流畅性，引发消费者对目标品牌的积极态度评价。然而，这种效应只在具有高解释水平的消费者中出现。换言之，本章通过识别影响品牌概念对消费者态度的情境因素（偶发情绪）和个体因素（特质性解释水平），提供了关于品牌概念后续影响的新见解。更为重要的是，跨国企业在日常营销情境中也能够相对容易地管理和应用这些因素及线索。

CONTENTS | 目录 |

理论思想篇

战略实践篇

理论思想篇

第一章
理解逆全球化下的品牌：
全球品牌资产研究述评

近年来，以中国为主导的新兴市场的全球品牌方兴未艾，引起世界关注（Kumar 和 Steenkamp，2013）。中国一些世界领先的跨国公司，如联想、中兴和华为等，它们的海外营业额已经超过了国内市场（Einhorn，2012）。华为和联想分别于 2014 年和 2015 年登上著名的 Interbrand"最具价值 100 全球品牌"榜单，成为新兴全球品牌的明星代表。事实上，全球品牌化是品牌战略的高级阶段（Keller，2013），全球性的品牌名称能够为产品带来额外的价值，即全球品牌资产。从理论上看，全球品牌化领域亟待研究的五大议题之一便包括全球品牌绩效问题，如品牌资产、市场份额等（Chabowski 等，2013）。

基于上述时代与理论背景，明确全球品牌资产的概念内涵、厘清全球品牌资产的来源、梳理影响全球品牌资产的关键因素等，就显得尤其重要（何佳讯，2013）。对全球品牌资产的理解有助于跨国企业把握全球品牌的价值关键，发现更值得关注的品牌资产，通过实施适应性的营销战略来显著改善消费者的品牌态度，最终在全球范围内建立一致、有效的品牌资产。因此，本章将通过系统的回顾和梳理，在总结现有文献关于全球品牌资产概念内涵的基础上，辨明应重点关注的界定方式，并从这一角度出发，对全球品牌资产的测量方式、具体维度及影响因素展开述评，最后展望未来研究方向。

第一节　全球品牌资产的概念内涵

全球品牌化（global branding）是品牌发展的高级阶段，而全球品牌

(global brand)则代表着难以估量的价值(Shocker 等,1994；何佳讯,2013)。然而,现有文献对全球品牌的概念界定并不一致(Özsomer 和 Altaras,2008；Dimofte 等,2008)。因此,如何界定源自全球品牌概念的"全球品牌资产"构念,是需要厘清的重要问题。

事实上,学者们已经意识到全球品牌具有不同于一般品牌的特殊价值,并将其称作"全球品牌资产(global brand equity)"(Hsieh,2004；Torres 等,2012)或"全球品牌感知价值(perceived values of global brands)"(Alden 等,2013)。由于品牌形象是品牌资产中不可或缺的部分,识别消费者关于品牌的强烈独特且积极的联想则是品牌资产测量的关键(Keller,1993),因此也有学者使用"全球品牌形象(global brand image)"(Roth,1992；Park 和 Rabolt,2009)、"全球品牌联想(global brand association)"(Dimofte 等,2010)或"品牌全球性效应(brand globality effect)"(Dimofte 等,2008)来描述全球品牌的价值作用。与此同时,还有学者着重探究消费者偏好或购买全球品牌的原因,即全球品牌资产的来源,并将其称作"全球品牌维度(dimensions of global brand)"(Holt 等,2004)。

本书统一使用"全球品牌资产(global brand equity)"的称谓。通过对现有研究的回顾,我们把学者们对这一构念的界定归纳为两类。下面,首先介绍这两类构念对全球品牌资产的不同界定,再运用品牌价值链模型阐述全球品牌资产与全球品牌价值的关系。

一、对全球品牌资产的界定

(一)品牌在全球范围内的资产

从营销标准化的思路来看,全球品牌是指在其大多数目标市场中使用相似的品牌名称、定位战略及营销组合的品牌(Özsomer 和 Altaras,2008)。标准化的营销活动(如品牌形象战略、广告传播内容、沟通媒介选择等)能使企业达到规模经济和范围经济,进而获取更高的利润(Levitt,1983),由此塑造出的一致且有效的品牌形象能强化长期品牌资产(Roth,1995a；Park 和 Rabolt,2009),如建立清晰可靠的品牌形象、提升顾客忠诚等。然而,完全标准化是不可能的,品牌的标准化存在程度上的区分(Hsieh,2002)。同时,企业是否选择标准化品牌战略取决于目标市场的经济发展水平、文化习俗等因素（Roth，1995b）。这些因素可能影响品牌营销活动对消费者的品牌形象感知和购买状况的提升作用（Roth，1995a；Hsieh，2004；Park 和 Rabolt，2009）。

　　从这一角度理解，某一品牌的全球品牌资产高低与其在不同国家间的标准化程度有关，对其界定应着重考量其地理表征。全球品牌资产指的是品牌在全球范围内的资产。一方面，如果品牌在全球范围内的标准化程度越高，那么不同国家中的消费者对该品牌形象感知的差异程度越低，品牌强度就越大，也就说明品牌拥有更多的全球品牌资产。Hsieh（2002）用"全球品牌形象感知的聚合程度（the degree of cohesiveness）"对品牌的全球化程度进行描绘，同时证明了该构念与品牌认知之间的正向关系，后者正是品牌资产的重要组成部分。另一方面，由于不同市场上的品牌资产彼此之间存在差异，全球品牌资产应该是对国家品牌资产汇总的结果（Motameni 和 Shahrokhi，1998；Hsieh，2004）。此时，国家品牌资产反映了不同国家内部品牌价值的大小，而在国家层面上的汇总也可以考虑加入国家权重因子。这种界定方式的潜在前提是：品牌在全球范围内可以达到某种程度的标准化，并且这种标准化对品牌来说有所裨益。即使如此，人们也要意识到这种标准化品牌还具有地方性差异（Motameni 和 Shahrokhi，1998）。事实上，适度的地方性差异策略可以让全球品牌获得更大的市场份额，这最终也体现在全球品牌的价值中。

　　目前，采用这种界定方式的研究，大多仅停留在构建全球品牌资产的测量方法的阶段（Motameni 和 Shahrokhi，1998；Hsieh，2004）。主要原因在于，实证研究涉及在全球范围内进行大规模的数据搜集，操作难度与成本都很高。然而，该界定下的全球品牌资产研究具有很高的实践价值。通过测量某一品牌在不同国家的资产，跨国营销人员可以评估并比较品牌实力、进行标杆分析，以识别需要强化管理的特定国家或特定类型的品牌资产。

　　（二）全球品牌特有的资产

　　从消费者感知的角度，品牌的全球性程度存在高低之分（Özsomer 和 Altaras，2008）。Steenkamp 等（2003）提出了"品牌感知全球性（perceived brand globalness）"的概念，以消费者感知到的同一品牌在本国以外的其他国家进行销售的程度对其进行操作性测量。因此，全球品牌并不意味着品牌在全球范围内的营销标准化。消费者可以通过媒体覆盖、口碑传播或旅行等方式接触到品牌在营销沟通中强调的"全球性"信息，如与全球消费者文化（global consumer culture）相关的象征符号，进而形成关于该品牌的全球性感知（Alden 等，1999）。

事实上，消费者认为全球品牌拥有特别的信誉、价值和能力，对全球品牌在全球范围内的可及性和认知度持有更强的偏好（Steenkamp 等，2003）。因此，如果某一品牌的感知全球性较强，消费者会自然地认为该品牌与其他品牌相比具有优越性，即使其质量或价值在客观上未必更胜一筹，他们也倾向于选择全球品牌（Özsomer 和 Altaras，2008；Xie 等，2015）。然而，感知全球性是一种特殊的品牌联想（Özsomer，2012），在对品牌态度和购买偏好的影响过程中只发挥信号作用（Özsomer 和 Altaras，2008；Özsomer，2012），具体的品牌属性才是解释市场行为的根本原因（Swoboda 等，2012；Alden 等，2013）。

基于这种思路，全球品牌资产揭示了品牌感知全球性发挥效用的价值机制。作为整体的全球品牌具备共同且独特的利益联想（如感知质量、社会声望、全球神话、社会责任等），它们是驱动不同国家消费者评价并购买全球品牌的重要原因（Holt 等，2004），即全球品牌资产的来源（Keller，1993）。相较而言，第一种界定下侧重探索的研究问题是"如何在不同国家建立一致有效的品牌资产"（Hsieh，2004）；第二种界定下的研究所聚焦的问题则是"全球品牌特有的资产如何影响消费者态度"（Steenkamp 等，2003）。这两种界定的内涵并不矛盾。第二种界定下的全球品牌资产在本质上仍是构成品牌形象的重要联想（Dimofte 等，2010），同样应具备跨越地理维度和时间维度的一致性（Aaker 和 Joachimsthaler，1999），体现出第一种界定下的概念内涵。

第二种界定方式是近年来全球品牌化领域关注的重点。学者们或研究全球品牌资产应该具备哪些维度（Holt 等，2004），或探析全球品牌资产在品牌感知全球性与消费者态度间发挥作用的中介机制，但极少基于跨国背景检视该视角下全球品牌资产结构及效应的一致性。在营销实践上，相关研究结论能帮助全球品牌经理们明确需要重点进行管理的品牌资产维度，为制定有针对性的营销战略提供参考性信息。

二、全球品牌资产在品牌价值链上的表征

基于本章第一节的论述，可以从整合视角对全球品牌资产进行定义：全球品牌在国家层面开展的营销活动产生它在各个国家的品牌资产集合（第一类全球品牌资产），这种集合性的品牌资产又会形成超越国家层面的品牌资产，即全球品牌在非国家层面独有的品牌资产维度（第二类全球品牌资产），如感知品牌全球性、全球品牌真实性（global brand authenticity）、全球品牌声望等。它们共同影响品牌的市场业绩和股东价值，形成全球品牌价值链（global brand value chain），表明全球品牌价值的来龙去脉（见图1-1）。它是对一般意义上的品牌价值链（Keller，2013）的拓展和深化。

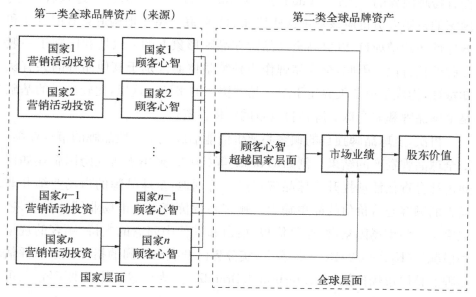

图1-1　全球品牌资产的两种概念界定在品牌价值链上的表征

首先，全球品牌的价值始于营销人员在不同国家内部进行的营销活动投资。营销人员基于不同国家的消费者特征（如国家文化、经济发展水平等）制定相应的营销方案（标准化、本地化或介于二者之间），由此塑造全球品牌在不同国家的形象（一致性或差异性）。即使某个品牌希望采取全球消费者文化定位战略，相同的品牌意涵在不同国家或文化体的成员看来也可

能拥有不同的含义（Hsieh，2004；Cayla 和 Arnould，2008；Akaka 和 Alden，2010）。也就是说，不同国家的消费者对同一全球品牌所形成的顾客心智不尽相同，它们构成了品牌的区域性资产来源，而品牌的区域性顾客认知在各个国家中相似或一致的部分及程度，则反映了第一类界定下全球品牌资产的来源。此时，比较衡量的基础是全球品牌在各个国家的资产。

其次，在顾客心智资源中，还有一部分属于超越具体品牌层面，为全球品牌所共有的独特属性和联想，如感知质量、社会声望、全球神话和社会责任等。这类联想代表着消费者偏好全球品牌的重要原因，也是全球品牌价值的主要来源（Holt 等，2004）。即使不同的品牌联想对不同国家消费者的重要程度可能有所差异（Shocker 等，1994；Hsieh，2004），其维度及效应也拥有跨越国界的一致性（Aaker 和 Joachimsthaler，1999）。反过来看，不同国家的营销人员也应该基于这些特殊的品牌联想持续地构造具有创造性和差异性的营销项目，以提高全球品牌在品牌形象上的一致性和区别于一般品牌的独特性。因此，全球品牌作为独特整体而区别于其他品牌的共有认知特征，构成了第二类界定下全球品牌资产的来源。这里，比较衡量的基础是全球品牌和非全球品牌各自具备的整体性资产。

再次，全球品牌独具的顾客心智价值能形成优于一般品牌的市场业绩，即全球品牌资产的结果。例如，Torres 等（2012）聚焦于研究跨国企业如何通过社会责任活动提升全球品牌资产。特别地，全球品牌的市场业绩并非品牌的顾客心智价值的简单输出。顾客心智价值影响市场业绩的程度，还取决于一些市场因素，如竞争优势、渠道和其他中间商的支持、顾客的规模和情况等（Keller，2013）。事实上，实务界已开发出不同的指标体系以评估品牌的整体市场价值，如 Interbrand、BrandZ 等，为全球品牌提供了统一、可操作的价值衡量标准。

最后，全球品牌的市场价值会转化成金融市场上的财务价值（Dutordoir 等，2015）。阿里巴巴、百度等互联网品牌，其业务范围本身没有边界，而一旦在纳斯达克上市，则又会立即获得全球投资者关注，取得极高的市场估值，体现出资本市场对全球品牌价值衡量的重要性。然而，这并不是完全必然的过程。事实上，基于消费者评价的 EquiTrend 品牌价值指标比基于财务绩效的 Interbrand 品牌绩效指标更能预测经济危机爆发时股票收益、股票价格波动和品牌风险系数等市场指标的趋势（Johansson 等，2012）。同时，当 Interbrand 公司发布"最具价值 100 全球品牌"榜单后，上榜品牌的品牌价值变动可以正向预测品牌所在公司的超额股价收益率，但该关系还受其他情境性因素的影响（Dutordoir 等，2015）。

第二节　全球品牌资产的测量方法

对应于全球品牌资产在品牌价值链上的表征，全球品牌资产的测量方法也可被划分为三种不同的类型，即基于不同国家评估消费者关于全球品牌的所感所知再做汇总、从顾客心智角度评估全球品牌整体区别于一般品牌的特殊资产来源，以及通过评估全球品牌的市场业绩确定全球品牌资产。按照上述逻辑，下面进行逐一介绍。

一、对品牌在全球范围内的资产进行测量

对品牌在全球范围内的资产进行测量，思路通常有两种：第一，以不同国家消费者对全球品牌感知的标准化程度作为评价全球品牌资产的指标；第二，先计算品牌在各个国家的资产，再在全球层面上汇总品牌的全球资产。

在评估企业在不同区域市场上使用的品牌形象战略的一致程度时，Roth（1995b）使用了"品牌形象定制化/标准化（brand image customization/standardization）"的称谓。首先，要求被访问的营销经理根据所管辖品牌的实际状况，按照功能（functional）、社会（social）和感觉（sensory）三种基于利益的形象类型分配总共为 100 的分数，分数越高代表该类形象对品牌来说越重要。其次，计算每个品牌在不同市场上品牌形象得分的方差。此时，特定市场上品牌形象得分的比较对象是该品牌在所有市场上品牌形象得分的均值。计算所得方差越小，说明品牌形象越趋向标准化，反之越趋向定制化。

类似地，Hsieh（2002）使用涵盖 20 个国家的消费者关于 53 个汽车品牌利益联想评价的二手数据，建立了全球消费者在汽车品类上的品牌形象评

价体系，得到各品牌在感觉形象（sensory image）、象征形象（symbolic image）、实用形象（utilitarian image）及经济形象（economic image）四个维度上的得分。进一步地，分别计算并汇总其他各国与品牌来源国在特定品牌各具体形象维度上得分差异的欧氏距离，将其命名为全球品牌形象的聚合程度，即全球范围内不同消费者对特定品牌形象感知的差异程度。特别地，此时用于比较的基准对象则是品牌来源国消费者对该品牌的形象感知。

在此基础上，Hsieh（2004）首次尝试测量全球品牌在每个国家的区域性资产，进而聚合成品牌在世界范围内的资产。她将国家品牌资产（national brand equity）界定成可测量资产与不可测量资产两类，两者均先基于个体消费者进行测量，再进行国家层面上的汇总计算。前者反映各品牌利益联想对消费者购买决策的总体影响，同时考虑具体联想在不同市场中被感知到的消费者比例，将其作为权重因子。后者反映前者未能反映的品牌附加价值，在操作上体现为品牌虚拟变量对购买意愿的直接影响。就本质而言，可测量资产和不可测量资产分别体现了运用间接方法（indirect approach）和直接方法（direct approach）对品牌资产进行测量的思路，即前者识别品牌资产的来源，而后者评估品牌知识的影响（Keller，2013）。进一步地，全球品牌资产（global brand equity）是国家品牌资产乘以国家权重因子后在国家层面的汇总结果。国家权重因子包括品牌识别度、品牌购买意愿及市场规模。

可以发现，在测量第一类界定下的全球品牌资产时，学者们倾向于以与品牌相关的利益联想代表基于顾客的品牌资产（Hsieh，2002，2004；Park 和 Rabolt，2009）。然而，品牌形象总能体现所在品类的具体特征，很难建立适用于多个品类的测量标准（Park 和 Srinivasan，1994；Hsieh 和 Li，2008）。与此同时，品牌形象是否是对品牌资产的完整表征，也值得商榷（Motameni 和 Sharokhi，1998）。

二、对全球品牌特有的资产进行测量

在测量全球品牌特有的资产时，往往采取间接方法识别和追踪消费者关于全球品牌的特殊利益联想，以评估全球品牌资产的来源。但是，目前专门探究全球品牌资产结构和维度的文献数量甚少，且在实际操作上存在分析层次上的差异。

综观现有文献,感知质量、全球神话、社会声望和社会责任是最受关注的全球品牌资产维度。表 1-1 遵循 Keller(1993)关于品牌利益(brand benefits)的划分标准,将与全球品牌相关的利益联想划分成功能、体验及象征三种类型。特别地,"本性"囊括了来自全球品牌基本特征的联想属性(如标准化、地理含义上的全球化等),但它们只是引发全球品牌资产联想的信号,本身并不影响消费者态度与品牌购买意愿(Steenkamp 等,2003;Swoboda 等,2012)。

表 1-1　现有文献所涉及的全球品牌资产维度

分析层次	作者	全球品牌资产来源								实证基础
		本性		功能		体验		象征		
		全球性	标准化	感知质量	相对价格	社会声望	情感表达	全球神话	社会责任	
具体全球品牌	Holt 等(2004)			√				√	√	12 个国家, 6 个品类,18 个品牌
	Madden 等(2012)			√					√	4 个国家,1 个品类,3 个品牌
	Özsomer(2012)			√		√				3 个国家,3～8 个品类,6～16 个品牌
	Steenkamp 等(2003)	√		√		√				2 个国家,4 个品类,8 个品牌
	Swoboda 等(2012)			√	√		√			1 个国家,1 个品类,36 个品牌
全球品牌整体	Alden 等(2013)				√	√				3 个国家
	Dimofte 等(2008)	√	√	√				√	√	1 个国家
	Dimofte 等(2010)			√		√	√		√	1 个国家,3 个民族

续　表

分析层次	作者	全球品牌资产来源								实证基础
		本性		功能		体验		象征		
		全球性	标准化	感知质量	相对价格	社会声望	情感表达	全球神话	社会责任	
全球品牌整体	Özsomer 和 Altaras (2008)			√	√	√			√	—
	Strizhakova 等(2008)							√		4 个国家，10 个品类
	Strizhakova 等(2011)			√				√		3 个国家，10 个品类
	Xie 等 (2015)			√		√		√		1 个国家，1 个品类

注：表格由作者整理。在整理过程中，按照文献中涉及的概念内涵和测项内容，将相关维度按照本章设定框架作意义相符或相近的归集。

三、以经济价值衡量全球品牌资产

市场业绩反映了品牌资产的最终价值(Keller，2013)。因此，对全球品牌资产体现于市场业绩上的经济价值进行直接估算，是对全球品牌资产的最直观反映。这种做法多见于实务界。在具体操作时，并不区分或凸显全球品牌与一般品牌的差别，但从结果看，全球品牌往往获得更高的估值，反映为更强的品牌资产(Torres 等，2012)。换言之，那些在品牌价值排行榜上排名越高的品牌，其全球品牌资产越强。目前，全球最受关注的品牌价值排行榜分别是 Interbrand 发布的"最佳 100 全球品牌(Top 100 Best Global Brands)"榜单和明略行(Millward Brown)推出的 BrandZ"最具价值 100 全球品牌(Top 100 Most Valuable Global Brands)"榜单。

按照 Interbrand 的方法，品牌价值由财务绩效、品牌作用和品牌强度共同决定。在分析财务绩效时，将归集于品牌化产品的当前和未来收入减去运营成本与无形资产花费，即得到由品牌产生的经济利润；品牌作用指的是对消费者购买决策产业影响中除归功于价格、便利性、产品属性等因素外归功于品牌的部分。由品牌产生的经济利润与品牌作用相乘得到由品牌创造的收益；品牌强度则反映品牌维护持续的消费者需求（如顾客忠诚、重复购买及顾客保留等）以及保持未来收益的能力，共分成十大因素，其参照标准是产业中的其他品牌或其他世界级品牌，在操作上可被转换为特定品牌的贴现率。按照该贴现率，计算未来 5 年内由品牌创造的收益现值与第 5 章后的品牌残值，两者相加即为最终的品牌价值（Torres 等，2012；何佳讯，2014）。从前面两个要素来看，Interbrand 的方法蕴含了第二类全球品牌资产内涵界定。

明略行的方法同样需要分别计算品牌的无形收益、品牌在无形收益中的贡献以及可预测品牌未来收益的品牌乘数。特别地，在明略行的估值过程中，对品牌贡献的测度还考虑了地区差异，而对品牌乘数的计算则基于"品牌电压（brand voltage）"，即品牌在每个国家的短期成长指数，包括品牌未来提升市场份额的能力、所在品类的增长率和所在国家的增长率（何佳讯，2014）。从某种程度而言，明略行对全球品牌价值的衡量，是将各国市场上的品牌价值进行加总后的结果（何佳讯，2014），体现出第一类全球品牌资产界定的内涵。

事实上，Motameni 和 Shahrokhi（1998）曾经提出测量全球品牌资产的理论框架，在 Interbrand 估值法的基础上，还整合了第一类、第二类界定下对全球品牌资产的测量思路。具体地，全球品牌资产是品牌净收益与品牌乘数相乘的结果。前者是品牌化产品与非品牌化产品带来的收益之差，以国家为单位搜集数据。后者则源于对品牌强度的计算：第一步，将影响品牌强度的指标划分成顾客基础效能（如品牌形象和品牌忠诚、品牌意识、品牌联想和感知质量）、竞争效能（如品牌趋势、品牌支持、品牌保护和竞争强度）和全球效能（如市场、分销、价格、监管等多种因素）三大类型；第二步，在每个国家内部，对特定品牌在每一项指标上的表现进行评估，10 分表示极占优势，−10 表示极不占优势；第三步，为三大类型指标各分配总分为 100 的权重。仍然基于每个国家开展对管理层或消费者的调查，按照相关程度大小确定各类型指标下各条目因素的权重；第四步，将品牌在各条目上的得分与对应权重相乘并汇总，将累积结果除以 30①，得到品牌在该国家的品牌

---

① 即三大类型下各条目得分与权重乘积之和的最大值。

强度相对分数；第五步，归集品牌在所有国家的品牌强度分数，得到其在全球层面的品牌强度指数。然而，要想得到品牌乘数，还应将品牌强度按照对品牌获取未来收入的信心水平进行贴现，贴现率以品类为单位进行计算，体现不同品类的特征。

相比较可知，Motameni 和 Shahrokhi（1998）的理论框架不仅考虑到全球品牌在不同国家的区域性资产（第一类界定），与明略行方法类似，不仅没有局限于 Interbrand 方法仅考量的品牌对消费者决策的影响大小（和持续程度第二类界定），还将全球品牌资产的来源扩大到竞争效能和全球效能等市场环境或企业战略因素。同时，基于品类特征计算贴现率、以经济价值衡量全球品牌资产等做法亦为建立适用于多品类的测量标准、进行客观的纵横向比较提供了可能。然而，该理论方法是否有效，尚未得到实证确认。

第三节　全球品牌资产的影响因素

拥有强大而有效的全球品牌资产的重要前提是维持跨越地理范围的一致性和有效性（Hsieh，2002，2004；Park 和 Rabolt，2009）。然而，Fischer 等（2010）提出了"品牌在品类中的相关性（brand relevance in category，BRiC）"这一新构念，认为品牌在顾客决策中的重要性因国家和品类的不同而变动，而 BRiC 的高低本身还受一些消费者异质性因素的权变影响，如性别、年龄等。这说明，品牌资产的构成随国家不同而不同，其来源按照属性重要程度而有所变化（何佳讯，2013；Keller，2013）。因此，无论是品牌在不同国家的区域性资产（第一类界定），还是全球品牌特有的利益联想（第二类界定），都受到国家、消费者及品牌三方面因素的影响（何佳讯，2013）。基于现有文献，下面分别就经济发展水平、文化价值观和品牌来源国进行论述。

一、经济发展水平

按照 Hsieh（2002）的研究，经济发展水平相近的国家中的消费者，对同一品牌的形象感知趋向一致。换言之，经济发展水平可能是干扰全球品牌在世界范围内建立一致品牌资产的因素之一，体现出第一类界定的概念内涵。事实上，Dimofte 等(2010)发现，当评价针对全球品牌抽取出的各类利益联想时，美国少数族群消费者给出的评价确实高于美国主流消费者。延伸到第二类界定下的全球品牌资产维度，经济发展水平还影响它们对于不同国家消费者的重要程度。对于一些特定的全球品牌资产维度，它们是否稳定地存在于各个国家，甚至也是值得深入研究的问题。下面展开分别讨论。

首先，Holt 等(2004)的研究指出，质量信号对消费者的全球品牌偏好的变异解释程度高达 44%，说明质量是全球品牌资产的重要组成部分。然而，以发达市场消费者为调查对象的研究却指向相反的结论。Dimofte 等(2008)将全球品牌作为整体概念进行研究，针对美国消费者的开放式问卷调查及内容分析的结果则发现，"质量"被提及的比例仅占 5.4%。他们认为，品牌强度是引发质量联想的主要原因。以具体全球品牌为研究对象时，消费者之所以会产生高质量联想，是因为这些品牌本身就拥有很高的品牌资产，而非由品牌全球性所致。类似地，Schuiling 和 Kapferer(2004)使用 Young 和 Rubicam 在欧洲市场上的品牌数据进行分析，结果显示，在成熟市场上，本土品牌比全球品牌具有更高的亲和度和质量评价。

其次，对于全球神话，Strizhakova 等(2011)基于发达市场和新兴市场比较了感知质量和自我认同(self-identity)对消费者对全球品牌实际购买情况的影响。其中，自我认同的意涵与全球神话相近，但两者并不等同(Xie 等,2015)。当评估品牌化产品重要性时，在发达市场，消费者对全球品牌的实际购买比例在更大程度上取决于品牌作为质量信号的作用；而在新兴市场，消费者同时出于将品牌作为质量信号和自我认同信号的考虑而购买全球品牌。换言之，全球神话更能促使新兴市场消费者购买全球品牌。

再次，虽然诸多学者曾经直接将社会声望作为感知品牌全球性影响品牌态度和购买意愿的中介变量(Özsomer，2012；Swoboda 等,2012)，但对全球品牌资产进行直接测量的相关研究中却没有单独出现这一维度(Holt 等,2004；Dimofte 等,2008)。事实上，当 Steenkamp 等(2003)考察社会声望对品牌购买可能性的促进作用时，他们只在韩国样本中检验到了两者间的显著相关关系，而在美国样本中该效应并不显著存在。这也说明，在考量社会声望给全球品牌带来的附加价值时，经济发展水平可能发挥关键的调节作用。

最后，针对社会责任，Strizhakova 和 Coulter(2013)发现，高物质主义的消费者往往给予全球公司(品牌)在环境责任上较高的评价，但两者关系又受消费者所在国家的经济发展水平及消费者的全球/本土认同程度的共同影响。

二、文化价值观

文化是"个体看待现象时使用的透镜"。也就是说，文化决定了个体如何感知并理解现象，为人类活动绘制了基本蓝图，指定了社会及生产活动的最初坐标，可以解释与之相关的行为和事物(Craig 和 Douglas，2006)。事实上，价值观是跨文化研究中最常被选择的构念(Smith 等，2006)。在实际操作时，按照所选量表的不同，既可基于个体层面测量，又可基于国家层面测量。在国家层面上，往往采用 Hofstede(2001)的五维度价值观框架。在个体层面上，主要是 Schwartz 和 Boehnke(1992)提出的 11 维度框架。此外，自我建构(self-construal)也可作为消费者在个体层面上的文化表征，即进一步细分成相依型自我(interdependent self-construal)和独立型自我(independent self-construal)(Triandis，1989；Wong 和 Ahuvia，1998)。

在探究文化价值观对企业品牌战略的影响时，常选取的是 Hofstede(2001)对文化的划分标准。具体地，权力距离、不确定性规避和个体主义在全球品牌形象战略(功能形象、社会形象与感觉形象)与产品绩效的关系中发挥着不同的调节作用(Roth，1995a)；而当市场间文化差异(权力距离、不确定避免、个体主义)较大时，营销经理们更可能采用定制化全球品牌形象战略，以取得更大的市场份额，反之则采用标准化全球品牌形象战略(Roth，1995b)。这些结论表明，文化价值观是阻碍品牌建立全球范围内一致形象或资产(第一类界定)的因素之一。因此，当企业试图开启品牌全球化进程时，需要依据东道国市场的文化特征而调整自身的品牌战略。

从消费者感知的角度，文化价值观在消费者评价品牌具体属性的过程中发挥调节作用，佐证了前文关于全球品牌资产难以具有跨文化一致性的论断(第一类界定)。在国家层面上，Eisingerich 和 Rubera(2010)针对同一家居零售品牌在中英两国展开调查，发现在个体主义、短期取向和低权力距离的国家(英国)中，品牌创新性和品牌—自我相关性对品牌承诺的影响更大,在集体主义、长期取向和高权力距离的国家(中国)中,品牌顾客取向和社会责任对品牌承诺的影响更大。但他们只是基于国别比较了效应值,并未切实检验价值观的调节作用。进一步地,Erdem 等(2006)利用多国跨品类集合数据证明,品牌可靠性对品牌选择的促进作用在集体主义消费者中体现得更为明显,因为可靠品牌意味着高质量和更多价值;而该作用也受到不确定性规避的正向调节,因为可靠品牌的感知风险和信息成本更低。在个体层面上,Park 和 Rabolt(2009)则使用 Schwartz(1994)开发的量表对美韩消费者的文化价值观分别进行描绘。研究结果显示,两国消费者对于同一全球品牌(Polo)在形象感知上的差异源于其在文化价值观上的不同,而这种不同是通过消费价值观的差异发生作用的。进一步的分析指出,美国消费者认为 Polo 的品牌形象更趋于时尚、文雅,其消费价值观更注重情境因素和享乐因素,其文化价值观更偏重于平等主义、情感自主性、智力自主性及和谐等。而韩国消费者对上述要素的评价偏低,且更注重等级制度方面的价值观。

具体到那些全球品牌共通且特殊的资产(第二类界定),现有研究虽意识到文化价值观对其可能存在一定影响,但鲜有以此为主题的实证研究。例如,Madden 等(2012)发现,阿根廷、中国、西班牙和美国四国消费者关于三大汽车品牌的感知质量和社会责任评价是否受到晕轮效应影响,存在国家间的差异。他们以 Hofstede(2001)提出的五维度框架作为对文化价值观的表征,认为文化因素是上述差异产生的根源。具体地,阿根廷和西班牙在不确定性规避上的得分更高,因此两国消费者更倾向基于具体的品牌特征而非基于品牌整体或其他特征的溢出印象给予评价。又如,在 Özsomer 和 Altaras(2008)提出的研究命题中,自我建构可能调节感知品牌全球性与品牌可靠性之间的关系:相对于高独立型自我消费者,高相依型自我消费者中感知品牌全球性对品牌可靠性的正向促进作用更强;而相对于高相依型自我消费者,高独立型自我消费者中全球品牌真实性对品牌可靠性的正向促进作用更强。然而,两项研究都没有就其提出的命题开展实证研究。

三、品牌来源国

目前,现有文献基本上将全球品牌的来源国划分为国外/本土或发达市场/新兴市场两种类型。在具体研究上，则基本只限定在一个国家内展开调研，单独探讨来源国变量是如何调节消费者对不同全球品牌资产维度的评价与消费者的品牌态度或行为意愿之间的关系，即第二类界定下的全球品牌资产。

第一，感知品牌全球性对消费者态度的影响机制因品牌来源国（外国 vs. 本土）的区别而有所不同，具体的全球品牌资产维度可以解释这种差异，但差异内容则仍根据研究对象的不同而有所区别。一方面，对于新兴市场消费者，外国全球品牌所具有的功能价值和心理价值对于消费者态度和购买意愿具有同等重要的提升作用，而本土全球品牌的价值主要体现为心理价值。Swoboda 等（2012）基于中国市场研究感知品牌全球性对零售商品牌（国外 vs. 本土）光顾意愿的影响机制。结果发现，相较于本土零售品牌，感知品牌全球性对零售商光顾意愿的促进效应在外国零售品牌中体现得更明显。引入感知价值的中介机制后则发现，对于中国消费者，当品牌来源于外国时，感知品牌全球性对光顾意愿的正向作用需同时经由功能价值和心理价值的中介传导，且效应值之间不存在明显差异。但本土品牌经由感知价值对行为意愿的促进作用则更多体现于心理价值的中介作用。

另一方面，对于发达市场消费者，外国全球品牌在全球神话等心理价值上的作用更大，而本土全球品牌则因其更高的功能价值引发积极态度。Riefler（2012）在奥地利的研究指出，当评价源于外国的全球品牌时，消费者关于经济全球化的态度（globalization attitude）直接正向影响全球品牌态度，而消费者的全球消费取向（global consumption orientation）对全球品牌态度的提升则需经过全球品牌评价（质量、形象和性价比）的中介机制方可发挥作用；而当评价源于本国的全球品牌时，全球化态度通过全球品牌评价对全球品牌态度产生正向的间接影响，消费者的全球消费取向则直接促进品牌态度。此时，品牌全球性主要起到质量信号的作用。换句话说，除了对具体品牌属性的评估，发达市场消费者对本国品牌的积极态度还直接源于对这类品牌质量的认可，而对外国品牌的积极态度则源自它们的"外来光环（foreignness）"。

第二，现实发展趋势促使学者们转向对新兴市场全球品牌和发达市场全球品牌差异的思考。传统意义上，全球品牌大都源自美国、欧洲等发达国家和地区,但随着全球化的推进,越来越多的新兴市场全球品牌开始崭露头角,如中国的华为、海尔、联想,印度的塔塔汽车等。然而,从现实角度来看,西方消费者对以中国品牌为代表的新兴全球品牌的熟悉、接受程度和态度评价仍然不高(Kumar 和 Steenkamp,2013)。对于这些新兴的全球品牌而言,全球品牌资产带来的正向效应仍面临着发展中国家负面原产国联想的威胁(郭晓凌等,2014)。基于这样的背景,Guo(2013)初步探究了消费者具体特征对全球品牌资产评价的影响如何受到品牌来源国的调节。虽然该研究选取的结果变量是全球品牌态度,但采取的是相对测量方式,发达市场全球品牌和新兴市场全球品牌在感知质量、社会声望、创新程度、社会责任及吸引力等方面的差异对消费者(中国和印度)发问,如"发达市场全球品牌比新兴市场全球品牌拥有更高的质量""发达市场全球品牌比新兴市场全球品牌的创新程度更高"等,实则是相对全球品牌资产的概念。基本结论显示,与新兴市场全球品牌相比,全球消费取向和全球认同对发达市场全球品牌态度的正向效应、消费者民族中心主义对发达市场全球品牌态度的负向影响更为明显。另外,消费者民族中心主义在全球消费取向和全球认同的正向效应中发挥负向调节作用。换言之,对于新兴市场消费者,发达市场品牌的"全球性"光环要大于新兴市场品牌。

第四节 结论与展望

一、研究结论

本章通过文献梳理和回顾,首次提出全球品牌资产的两类界定,即品牌在全球范围内的资产和全球品牌特有的资产。随后,本章从整合视角对全球品牌资产这一构念进行了重新界定,同时调整了 Keller(2013)提出的品牌价值链模型,以进一步表征全球品牌资产与全球品牌价值之间的关系。在此基础上,详细论述了全球品牌资产对应的三类测量方式,即汇总品牌在不同国家内的顾客心智、识别全球品牌特有的顾客心智资源、衡量全球品牌的市场经济价值等。最后,本章从国家、消费者和品牌三个角度,分别提取并阐述影响全球品牌资产评价或效应的可能因素,即经济发展水平、文化价值观和品牌来源国。

二、未来研究展望

总体上，以全球品牌资产为主题的研究虽已累积了一定的成果，但该领域的实证研究仍处于起步阶段，未来研究可以从以下几个方面进行。

第一，进一步探究不同界定下的两类全球品牌资产的相互联系与影响关系。本章首次就全球品牌资产归纳总结出两大取向的概念内涵，并基于品牌价值链发展出关于全球品牌资产的整合性模型。然而，现有研究甚少涉及兼具理论价值和实践意义的问题，即如何看待两类全球品牌资产之间的动态关系。例如，企业在多大地理范围或目标市场、投入多大规模的营销投资，取得何种程度的品牌联想的"相对"一致程度（第一类界定），才能达成塑造消费者感知到的品牌"全球性"光环（第二类界定）的最终目标。又如，随着全球化进程的推进，消费者拥有越来越多的机会跨国旅行、登录他国网站、获取全球信息（Alden 等，2006），也就更有可能对同一品牌在不同国家的定位和传播内容拥有越来越深入的了解（第一类界定）。因此，那些超越国家层面的全球品牌所独具的品牌资产（第二类界定）是否反过来也会促进企业在各个国家的品牌创建和经营活动？同时，这种反馈效应是否还存在某些边界条件？

第二，可以尝试将对全球品牌资产的研究和探讨拓展到市场业绩或股东价值上去。目前的全球品牌资产研究基本遵从 Keller（1993）提出"基于顾客的品牌资产"框架，从品牌的财务价值角度（Kapferer，2012）对全球品牌资产所进行的探讨目前尚处于空白阶段。事实上，基于顾客的品牌资产、市场业绩与基于投资者或股东的品牌资产是紧密相连的。一方面，品牌在全球范围内取得消费者认可和市场销售业绩良好的信息能够向投资者传达利好信号，也就是说，基于顾客的全球品牌资产能够影响市场业绩，再影响基于投资者或股东的品牌资产。但在某些情况下，对于新兴市场中的品牌，这种关系有可能是负向的。例如，尽管消费者普遍对淘宝等购物平台持有"质次""仿冒"等不利联想，但在 2015 年双十一促销大战中，阿里巴巴旗下各平台总交易额达到 912 亿元，当天阿里巴巴的股价却不升反跌，跌幅一度超过 3%，基于顾客的品牌资产、市场业绩和股东价值彼此之间形成鲜明反差。另一方面，目前来自中国企业的真正全球品牌还很少，但在美国上市的中国企业已达到 200 家。品牌在全球资本市场中的表现，反过来会影响顾客对品牌的态度和行为，即存在基于投资者或股东的品牌资产对市场业绩和基于顾客的全球品牌资产的逆向影响关系。当在品牌价值链上表征全球品牌资产时，我们应该意识到，品牌价值有可能存在双向互动的影响机制。

第三，对全球品牌资产维度提升品牌价值的机制展开更为深入的探讨。目前，实证研究关注的仅仅是全球品牌资产维度在感知品牌全球性与行为变量间的中介作用（Steenkamp 等，2003；Özsomer，2012），以具体资产维度为核心变量的研究数量极少。例如，各项全球品牌资产维度对品牌态度和购买意愿的影响过程是否存在中介机制？哪些消费者特征会促使消费者看重全球品牌在特定维度上的绩效状况？事实上，Xie 等（2015）的研究考察了品牌信任和品牌情感在感知质量、社会声望及品牌身份表达等全球品牌资产维度与行为变量关系间的中介作用，对上述问题作出了初步回答。特别地，从消费者文化理论的角度，全球品牌具备的文化资本让全球品牌具备了真实性（Özsomer 和 Altaras，2008）。那么，品牌真实性在全球品牌资产效应中又扮演着怎样的角色？相关结论对我们理解全球品牌资产发挥效应的原因，强化对全球品牌的管理实践，具有重要的指导意义。

第四，着重分析来自新兴市场的品牌和来自发达市场的品牌在全球品牌资产维度及其效应上的差异，为具体的全球品牌资产管理提供基础性诊断信息，使得营销人员能够明确并妥善利用各自品牌的独特资产优势。现有文献虽然已经表明，从消费者评价来看，新兴市场的全球品牌所具备的全球品牌资产在整体上要弱于发达市场的全球品牌（Guo，2013；Kumar 和 Steenkamp，2013），但这并不意味着新兴市场全球品牌相对于发达市场全球品牌在各项全球品牌资产上所获得的消费者评价完全处于劣势，也不意味着具体维度的全球品牌资产对消费者态度的总体促进作用总是在发达市场全球品牌上体现得更强。一些问题值得未来探究。例如，感知质量对品牌态度的整体影响是否在新兴市场全球品牌上表现得更明显？相对应地，全球神话对品牌态度的整体影响是否在发达市场全球品牌上表现得更明显？事实上，进行评价的消费者所处的是新兴市场还是发达市场，也会对上述机制产生差异化影响。这些问题都值得我们进一步开展有关研究。

第二章
理解逆全球化下的个体：
消费者全球—本土认同研究述评

　　全球化和逆全球化不仅表现为经济、政治和技术上的依存或互斥，还会在心理上对人们产生深远影响，改变其体验、行为乃至身份认同（Rosenmann 等，2016）。从整体看，全球化同时发展了消费者的全球认同和本土认同（Arnett，2002；Zhang 和 Khare，2009）。具体来说，全球认同是指消费者感到自己属于全球社群，且（或）认同全球化的生活方式；本土认同则是指消费者感到自己属于本地社群，且（或）认同本土化的生活方式（Tu 等，2012）。从营销实践的角度，全球—本土认同是国际营销中极其重要的市场细分变量（Strizhakova 等，2012）。当企业试图进入不熟悉的海外市场，基于全球认同和本土认同及其引发的心理机制和行为后果对消费者群体进行细分，有助于企业实施更为精准有效的营销策略。

　　尽管社会心理学和国际贸易学等已经对全球—本土认同展开了相对广泛的研究，但该主题在市场营销领域的研究仍处于起步阶段（Gao 等，2017，2020；Ng 和 Batra，2017；Yang 等，2019；Wang 等，2021；Nie 等，2022）。特别需要注意的是，以往文献关于全球—本土认同的构念称谓、概念界定和测量操作呈现出分裂状态（Strizhakova 等，2008，2011；Westjohn 等，2009；Zhang 和 Khare，2009），而这些分歧会进一步带来研究结论上的混淆与偏差（Westjohn 等，2009；Strizhakova 和 Coulter，2013），给实务界应用及拓展这些理论发现带来疑惑和困难。例如，Strizhakova 和 Coulter（2013）基于对文化适应理论和社会认同理论的综合考量对全球认同进行分别测量，实证研究未能取得一致结果。有鉴于此，本章试图对不同领域中的全球—本土认同文献进行系统梳理，通过对理论基础、概念界定、测量操作和研究现状的阐述,辨明并揭示不同界定视角下全球—本土认同构念的差异与联系,以构建关于全球—本土认同的分类理论框架,为厘清后续研究思路奠定基础。

本章所参阅和依据的文献通过三个步骤进行系统收集。首先,基于EBSCO和谷歌学术,使用不同关键词组合进行跨学科文献搜索。相关领域包括市场营销、企业管理和心理学等,关键词包括"globalization & identity/identification""global identity & local identity""global brand & identity"等。在该过程中,我们排除了那些虽刻画了全球化对人们心理过程的影响、但不属于身份认同范畴的构念,如消费者世界性思维(consumer world-mindedness)(Nijssen和Douglas,2008)、消费者民族中心主义(Shimp和Sharma,1987)等。其次,对社会心理学、国际商务和市场营销等领域的顶级期刊在过去20年间(2000—2022年)发表的文献进行全面检查,再次补充包含全球—本土认同相关概念的文献。相关期刊包括但不限于《心理科学》《美国国家科学院院刊》《国际商务研究杂志》《营销杂志》《营销研究杂志》等。最后,按照前述步骤,再次广泛搜索与全球—本土认同在理论上有所关联的其他主题文献及中文文献,对已有文献做进一步补充。相关主题包括"全球品牌化""全球化""文化融合"等。

第一节　消费者全球—本土认同的理论基础

在界定全球—本土认同时,现有文献依据的理论基础主要集中于消费者文化理论、文化适应理论和社会认同理论。

一、消费者文化理论

消费者文化是指"通俗文化和社会资源之间,以及有意义的生活方式和其所依赖的符号象征或物质资源之间的社会关系,且这种社会关系是经由市场而传达的"(Arnould和Thompson,2005)。在此基础上,消费者文化理论是探究消费者如何通过主动塑造和阐释与消费有关的有形产品及无形服务、图像、符号和生活方式中隐含的象征意义(Tomlinson,1999),为自己生活增添意义,彰显其身份、个性、地位,甚至理想的理论(Arnould和Thompson,2005)。因此，消费者文化理论的核心在于理解消费者关于自我身份的识别与认同。

在过去数十年间，全球化进程深刻地影响了消费者文化，并由此形成了全球化力量和本土化力量之间冲突与协调的张力。与之相连的结果有两方面：其一，全球消费者文化，即由全球范围内大部分人共享且富有意义的现代文化、社会资源、象征符号和物质元素（如牛仔裤、汉堡包等）；其二，本土消费者文化，体现了极为独特的本土文化、生活方式和消费符号（如中国结、月饼等），通常只被本地消费者理解和体验。从该角度出发，全球—本土认同可以被理解成一种文化认同（Arnett，2002）。但对其概念内涵的深入理解，还需要借助文化适应理论。

二、文化适应理论

全球化会使得人们同时面临全球消费者文化和本土消费者文化的影响。在全球化进程中，人们关于自我身份的认知往往会因同时体验了两种不同的文化而产生混淆或冲突（Arnett，2002；Harush 等，2016）。文化适应理论则为研究该问题奠定了理论基础。整体上，该理论试图探究人们在跨文化接触过程中所经历的各种心理变化，包括对新社交技能的习得，期望、态度或价值观上的变化，以及对文化认同和身份认同的重新定义（Ryder 等，2000）。

文化适应理论中常见的研究框架是双维模型，即认为个体可以同时保留对新旧文化的认同，因而将个体的文化适应分成（旧）文化维持和（新）文化同化两个维度（Berry 等，1989）。在两大维度下，存在四种不同的文化适应策略：同化（assimilation，即积极融入新的东道国文化，最终失去原本的母国文化认同）、融合（integration，即在保留母国文化认同的同时，积极参与新的东道国文化）、分离（separation，即只保留源自母国文化的符号、价值观和行为，避免接触新的东道国文化）和疏远（marginalization，即对保留母国文化和参与东道国文化均不产生兴趣）。

基于文化适应理论中的双维模型，当同时面临全球文化和本土文化的冲击，人们会发展出四种具体的全球—本土认同（Arnett，2002；Harush 等，2016）：全球认同是指对全球文化的高认同和对本土文化的低认同，本土认同是指对本土文化的高认同和对全球文化的低认同，双文化认同反映对两种文化的高认同，边缘认同则体现对两种文化的低认同，强调全球文化和本土文化的冲突所导致的身份混淆①。

三、社会认同理论

社会认同是指个体认识到其作为特定社会群体成员的身份，并感受到该身份带来的价值意义和情感体验，属于个体自我概念的一部分（Tajfel，1978）。建立社会认同涉及的心理过程包括：社会分类（即人们基于他人和自己的异同，将他人区分成内外群体成员）、社会比较（即人们倾向将自己所在的群体与其他群体进行比较并强调群体间差异）、积极区分（即人们出于满足自尊的需要，夸大所在群体的优越性，并由此导致内群体偏好和外群体偏见）。

社会认同能够从微观层面描绘社会变革的影响。具体地，全球化模糊了社会群体的界定基础，由此重塑了人们的社会认同（Buchan 等，2009；Rosenmann 等，2016）。一方面，按照消费者文化理论，全球文化会强化关于本土文化传统的依恋和固守。因此，高度认同本土文化、拥有本土化生活方式的人们会和高度认同全球文化、拥有全球化生活方式的人们分裂成截然不同的两个社会群体，且两者间的狭隘界限会被全球化进一步放大及强化。这种思路恰好对应了文化适应理论中阐述的分离（即坚持保留本土文化）和同化（即完全接受全球文化）两种适应策略。另一方面，全球化也会使个体重新界定自我概念，将以前被归为外群体的成员也纳入内群体。此时，内群体和外群体间的差异和偏见被打破，人们仅因居住在同一星球便能体会共同归属感。综上，按照社会认同理论对全球—本土认同进行笼统界定，其概念范畴和影响结果是难以确定的。

第二节　分类视角下全球—本土认同的概念界定

现有文献涉及的全球—本土认同构念在概念界定时，依据理论基础及体现的具体内涵均有所差异。基于此，本章将相关构念划分成三种类型（见

①　在 Arnett（2002）的研究中，全球本土认同被称作双文化认同（bicultural identities），全球认同和本土认同被归为自我选择的文化认同（self-selected culture），而边缘认同则被称作认同混淆（identity confusion）。

表2-1），即消费文化视角下的全球—本土认同、公民社群视角下的全球—本土认同，以及兼顾前两类内涵的二元视角下的全球—本土认同。

表 2-1   以往文献中出现的全球—本土认同构念汇总

构念名称	定　义	理论基础
第一类：消费文化视角下的全球—本土认同		
对全球消费文化的自我认同	个体对全球消费文化的认同程度（Cleveland 和 Laroche，2007）	文化适应理论
对全球消费文化的敏感性	消费者获取和使用全球品牌的愿望程度和倾向性。这种普遍存在的消费者特质在不同个体和不同文化间会有所不同（Zhou 等，2008）	消费者文化理论
（基于全球品牌的）全球公民信念	关于全球品牌创造能与志趣相投的人们共享的理想全球性身份的信念（Strizhakova 等，2008）	文化认同理论
全球品牌作为消费者自我身份的信号	在全球化世界，品牌化产品承担着向我们自己和向他人传递着"我们是谁"以及"别人应该如何看待我们"的信号（Strizhakova 等，2011）	认同理论
全球本土文化认同	本土化和全球化进程中所存在的、不同程度的一系列广泛的信念和行为（Strizhakova 等，2012）	文化认同理论
第二类：公民社群视角下的全球—本土认同		
全球（人类）—国家/本土认同	全球人类认同指的是对全球人类社群的认同感；国家认同指的是个体对其国家存在归属感（Der-Karabetian 和 Ruiz，1997）	社会认同理论
	全球认同指的是个体对全球社群进行心理和情感投资的程度，本土认同表明个体对其本土社群存在高度依恋（Westjohn 等，2009）[①]。	
	全球认同指的是个体认同全人类整体；国家认同指的是个体对其国家社群的心理投资（Westjohn 等，2012）	

---

①　Westjohn 等（2009）虽然使用的概念界定反映了第二类概念内涵，但其在进行具体操作化测量时，还包括了世界主义。具体地，世界主义体现的是个体参与或接受其他国家文化的意愿程度（Cleveland 和 Laroche，2007），在概念内涵上与第一类概念内涵更相近。因此，我们在总结概念界定时，将其归为第二类，但在后文对实证研究结果进行述评时，将其作为第三类阐述。

续　表

构念名称	定　义	理论基础
全球—本土社会认同	个体对于本土社群、国家及全世界的社会认同程度（Buchan 等,2011）	社会认同理论
全球认同	反映了对世界及最大、最包容的人类内群体的社会认同（Renger 和 Reese, 2017）	
全球公民认同	个体将其视为全球公民,并感受到与全球公民所组成的群体存在心理联结（Reysen 和 Katzarska-Miller, 2013）	
全人类认同	代表的是对全人类的基本认同（McFarland 等,2012）	
第三类：二元视角下的全球—本土认同		
全球—本土认同	全球认同由这样的心理表征组成：消费者相信全球化的积极影响,更认同全世界人们的共同性而非差异性,对全球事件感兴趣;概括地,即认同全世界的人们;本土认同的心理表征是：消费者信仰并尊重本地的传统和习俗,认同本土社群的独特性;概括地,即认同其本土社群的人们（Zhang 和 Khare, 2009）	社会认同理论
	全球认同指消费者感到自己属于全球社群,且认同全球化的生活方式;本土认同指消费者感到自己属于本土社群,且认同本土化的生活方式（Tu 等,2012）	
全球文化认同	个体的身份认同焦点偏向于全球而非本土的程度……对全球（与本土相比）消费文化参与程度更深的消费者在意的不仅仅是经济增长和其物质财富的价值,而且关注全球环境的整体福利（Strizhakova 和 Coulter, 2013）	文化认同理论
	全球消费导向反映了在特定领域消费者对全球性产品选择的偏好程度（Alden 等,2006）;全球联结度关注的是个体对全球的整体依恋程度和归属感（Strizhakova 和 Coulter, 2013）	

资料来源：本书作者整理。

一、消费文化视角下的全球—本土认同

消费文化视角下的全球—本土认同构念,大多基于消费者文化理论或

文化适应理论进行概念界定。该视角体现的核心思想是，全球或本土消费者文化如何帮助消费者进行身份建构。换言之，该视角下的全球—本土认同本质上属于对全球消费者文化或本土消费者文化的认同。

在该视角下，全球消费者文化适应反映个体如何获取具有新兴且超越地域限制的全球消费者文化特征的知识、技能和行为（Cleveland 和Laroche，2007）。该构念由七个维度组成，其中之一是"对全球消费者文化的自我认同"，即消费者在日常生活、阅读习惯、时尚品位等方面是否受到全球消费者文化影响。进一步地，由于全球品牌是全球消费者文化的重要象征符号（Alden 等，1999；Holt 等，2004），对全球消费者文化的敏感性（Zhou等，2008）、基于全球品牌的全球公民信念（Strizhakova 等，2008）、全球品牌作为消费者自我身份的信号（Strizhakova 等，2012）等构念均表明，消费者能够通过购买和使用全球品牌，对全球市场产生参与感，构建并表达自己的全球公民身份，与志趣相同的人们产生联系。

有别于其他构念仅对全球化如何影响消费者心理所进行的单方面刻画，Strizhakova 等（2012）提出的全球本土文化认同构念还特别考虑到本土化的影响。在他们的界定中，全球本土文化认同由三个具体构念构成：基于全球品牌的全球公民信念被用来作为对全球认同的表征，而以往文献中的国家主义和消费者民族中心主义则被直接用来衡量本土认同。具体地，国家主义反映的是个体关于其所在国家或民族的认同感、自豪感和自尊心，更多地与其公民身份相联系（Keillor 等，1996）；而消费者民族中心主义则可以用来衡量消费者购买本土制造产品的适宜性和道德性（Shimp 和 Sharma，1987）。

二、公民社群视角下的全球—本土认同

与消费文化视角相比，公民社群视角下的全球—本土认同构念普遍参照的是社会认同理论，强调的是消费者与特定社会群体（即本地群体或全球群体）相联系的成员身份所引起的、对该群体内其他成员的强烈共情（Buchan 等，2009）。换言之，全球化通过重塑其自身对特定社会群体的归属，改变他们对自我概念的界定（Grimalda 等，2018）。一方面，通过提高世界范围内人们之间的联系和依存，全球化加强了"世界作为一个整体"的意识，扩宽了消费者感知到的从属群体的边界（Buchan 等，2009；Buchan 等，

2011）。具体地，消费者认为生存在地球上的所有个体命运共享，对全世界或由全人类组成的群体存在归属感，赞同人本主义的整体概念（McFarland 等，2012；Pries，2013）。另一方面，全球化还会使消费者转而对更具特殊性、更为狭隘的本地社群和国家社群产生依恋之情（Buchan 等，2009；Rosenmann 等，2016），促使他们偏向强调自己的本国或本地身份，侧重于群体内部的协作和利益（Buchan 等，2011）。

以该方式界定的全球—本土认同构念，多出现于政治学和社会心理学文献，且其定义较第一类界定更为集中统一，如全球—本土社会认同（Buchan 等，2011）、全球（人类）—国家/本土认同（Der-Karabetian 和 Ruiz，1997）、全球人类认同（identification with all humanity）（McFarland 等，2012）等。此外，与消费文化视角下的界定类似，一些学者撇开对本土认同的研究，只描绘公民社群视角下的全球认同构念，如全球认同（Renger 和 Reese，2017）、全球公民认同（Reysen 和 Katzarska-Miller，2013）等。

三、二元视角下的全球—本土认同

前两种界定视角分别侧重了消费文化和公民社群的具体内涵，二元视角则是对两者的综合（Batra 和 Wu，2019）。换言之，在二元视角下，全球—本土认同意味着对消费文化和特定社群的双重认同。但也正因为如此，该视角下的相关构念，其理论基础本身存在着不一致之处。

全球文化认同同时从物质财富和社会福利的角度界定全球化给消费者带来的心理影响（Strizhakova 和 Coulter，2013），具体衡量则分成两方面：一方面，借鉴全球/本土消费导向，聚焦于生活方式和品牌导向两项内容，刻画消费者面临全球化时的消费选择倾向（Alden 等，2006；Steenkamp 和 De Jong，2010）。与文化适应理论一致的是，按这种方式对全球—本土认同进行刻画，会进一步衍生出全球（global）、全球本土（glocal）、本土（local/national）或边缘（alienated/unengaged）四种文化认同类型。换言之，对该内容的界定更多地体现了"消费文化视角"下的概念内涵。另一方面，基于群体和区域认同的相关文献（Cameron，2004；Russell 和 Russell，2010），重新构建"全球联结度"构念，以体现消费者的全球公民身份（Thompson，2005）。此时，低全球联结度意味着相对较高的本土认同。换言之，对该内容的界定更多地体现了"公民社群视角"下的概念内涵。

此外，全球—本土认同的理论基础是社会认同理论，也明确涉及对生活方式和社会群体的双重认同（Zhang 和 Khare，2009；Tu 等，2012）。具体地，全球认同反映了消费者基于世界范围内人们的相似性而对全球化生活方式和全球社群产生的认同感，而本土认同则体现了消费者基于本土社群的特殊性而对本土化生活方式和本土社群产生的认同感。在这些研究中，学者们聚焦的是本土认同或全球认同在整体上呈现的心理特征和行为规律。因此，该构念同时体现了消费文化和公民社群的概念内涵，亦是近年来营销领域顶级期刊上相关文献普遍采用的界定方式（Gao 等，2017，2020；Ng 和 Batra，2017；Yang 等，2019；Nie 等，2022）。

第三节　全球—本土认同的测量与操作

按照消费文化视角、公民社群视角及二元视角，表 2-2 对关于全球—本土认同构念的构成维度、测量方式及实验操作等情况进行了系统梳理。总体上，这些量表大都经历了较为全面的开发程序，其信效度也通过相应数据标准得到证实，但仍存在若干需要注意的问题。

表 2-2　全球—本土认同构念测量与操作汇总

构　念	作者（年份）	维　度	涉及国家	语言	是否评估测量恒等性	是否存在实验操作
第一类：消费文化视角下的全球—本土认同						
对全球消费文化的自我认同	Clevelanda 和 Laroche（2007）	单维度	加拿大、黎巴嫩	英语、阿拉伯语	否	否
对全球消费文化的敏感性	Zhou 等（2008）	顺应消费潮流质量信号社会声望	中国、加拿大	英语、汉语	否	否

续　表

构　念	作者(年份)	维　度	涉及国家	语言	是否评估测量恒等性	是否存在实验操作
（基于全球品牌的）全球公民信念	Strizhakova 等（2008）	单维度	美国、俄罗斯、乌克兰、罗马尼亚	英语、俄语、罗马尼亚语	是	否
全球品牌作为消费者自我身份的信号	Strizhakova 等（2011）	单维度	美国、英国、俄罗斯	英语、俄语	是	否
全球本土文化认同	Strizhakova 等（2012）	基于全球品牌的全球公民信念、消费者民族中心主义、国家主义	俄罗斯、巴西	俄语、葡萄牙语	否	否

第二类：公民社群视角下的全球—本土认同

构　念	作者(年份)	维　度	涉及国家	语言	是否评估测量恒等性	是否存在实验操作
全球（人类）—国家认同	Der-Karabetiana 和 Ruiz(1997)	全球（人类）认同、国家认同	美国、中国	英语	否	否
全球—国家/本土认同	Westjohn 等（2009）	单维度	美国、中国	汉语、英语	否	否
全球—本土社会认同	Buchan 等（2011）	全人类认同、国家认同、本地认同	伊朗、南非、阿根廷、俄罗斯、意大利、美国	—	否	否
全球认同	Renger 和 Reese(2017)	单维度	德国	德语	否	否
全球公民认同	Reysen 和 Katzarska-Miller（2013）	单维度	美国	英语	否	否
全人类认同	McFarland 等（2012）	全人类认同国家认同本土认同	美国	英语	否	是

续　表

构　念	作者(年份)	维　度	涉及国家	语言	是否评估测量恒等性	是否存在实验操作
第三类：二元视角下的全球—本土认同						
全球—本土认同(简化版)	Tu 等(2012)	全球认同本土认同	中国、英国、美国	汉语、英语	否	是
全球—本土认同(完整版)	Zhang 和 Khare(2009)	全球认同本土认同	中国、英国、美国、新加坡	汉语、英语	否	是
全球本土认同	Strizhakova 和 Coulter(2013)	全球—本土消费导向(生活方式)全球—本土消费导向(品牌导向)全球联结度	巴西、俄罗斯、印度、中国、美国、澳大利亚	汉语、英语、葡萄牙语、俄语	是	否

资料来源：本书作者整理。

首先,关于全球—本土认同的测量与操作,存在界定视角、理论基础和维度划分并不统一的情况。尽管公民社群视角下的全球—本土认同呈现出较为一致的维度划分和测项内容,但由于消费文化视角和二元视角所依据的理论基础和体现的概念内涵有所差异,不同视角下各构念的对应量表在维度划分和测量内容上并不一致,甚至出现了构念名称相同或类似,但测量内容与界定视角和理论基础迥异的情况。以全球本土文化认同为例,Strizhakova 等(2012)将其定义成"本土化和全球化进程中所存在的、不同程度的一系列广泛信念和行为",体现了二元视角,但他们进行概念界定的基础是文化适应理论。更易让人产生困惑的是其维度构建:使用基于全球品牌的公民信念衡量全球文化认同,仅体现了消费文化的内涵;但关于本土文化认同的衡量则使用国家主义和消费者民族中心主义,不仅杂糅了消费文化和公民社群两种不同的概念内涵,所依据的理论基础也极为模糊。与此同时,这些作者还在另一项工作中提出了相同名称的构念——"全球文化认同"，但使用全球消费导向量表和全球联结度量表共同予以衡量，体现的却是二元视角的概念内涵（Strizhakova 和 Coulter，2013）。

其次，现有文献关于本土认同的概念界定和测量方式存在较大分歧。一方面，国家认同和本土认同之间的差异尚不确定。本土认同通常反映的是个体生活或成长所必需的独特环境、氛围和传统（Arnett，2002），所涵盖的规模范畴应该比国家认同更小，对于那些地域辽阔、拥有诸多亚文化社群的国家来说尤其如此。事实上，社会心理学领域的少数文献有时在定义和测量上会区分个体关于本土社群和所在国家的认同程度（Buchan 等，2011；McFarland 等，2012）。但在营销学领域，很多研究认为国家认同和本土认同没有差别，对两者的名称、界定和测量甚至存在混淆（Westjohn 等，2009，2012；Strizhakova 和 Coulter，2013）。另一方面，本土认同和全球认同之间的对应关系不甚明确。尽管绝大部分研究将全球认同和本土认同分开测量，但有极少数文献直接将全球认同和本土认同看成单维构念，即将对全球认同描述的低同意程度归为高本土认同（Westjohn 等，2009）。尽管这种做法符合文化适应理论中的单维模型，即将个体面对两种文化的反应描述成由文化维持（即保留旧文化）和文化同化（即融入新文化）两极构成的单维度连续体，两者之间的部分则被称作双文化选择（即文化融合）（Ryder 等，2000）。这些文献在进行正式概念界定时，缺乏明确的理论基础和论证过程。

最后，在量表开发和操作任务上，现有研究也存在两项需要进一步说明的特点。一方面，尽管绝大多数量表都在不同国家得到了验证，但很多只是从英语翻译成其他语言，并未涉及对测量恒等性（measurement invariance）的严格检验（Steenkamp 和 Baumgartner，1998）。这种情况在公民社群视角下的全球—本土认同中尤为凸显。但事实上，不同文化下消费者关于这些量表的理解，有可能存在系统性差异。另一方面，仅有三项研究开发了对应的实验操作。Zhang 和 Khare（2009）基于身份可及性理论（identity accessibility theory），首次证明全球认同和本土认同可能通过与认同类型一致的想法、概念和观念来激活，具体过程则包括阅读包含相关描述的广告或重组被打乱顺序的测项语句等。在其基础上，Tu 等（2012）提供了简化版本的操作任务。这为从建立严格因果关系的角度，挖掘全球—本土认同的后续心理和行为机制奠定了方法基础（Gao 等，2017，2020；Ng 和Batra，2017；Yang 等，2019；Nie 等，2022）。Reese 等（2015）则基于McFarland 等（2012）提出的全人类认同，尝试设计了实验操作任务，具体方式是邀请被试观看包含不同国家国旗或不同种族人群的广告，但其应用并不广泛。

第四节　分类视角下全球—本土认同的研究框架：前因、机制和结果

本部分旨在通过梳理该领域的实证研究，构建关于全球—本土认同的研究框架（见表 2 - 3），为识别后续研究机会奠定基础。具体地，按照前文的分类方式，我们分别对全球—本土认同的前因变量、效应机制和影响结果展开阐述。

表 2 - 3　分类视角下全球—本土认同的研究框架

界定视角	前因变量	效应机制	结果变量	调节变量
消费文化视角	**消费者特征** 人口统计学变量、海外经历、对大众媒体的接触程度、文化开放性、价值观、消费者民族中心主义、物质主义、规范影响敏感性	**认知** 全球品牌作为消费者自我身份的信号、全球品牌作为感知质量的信号	**感知和信念** 品牌化产品重要性 全球品牌重要性 **态度** 全球产品评价、全球/本土产品态度 **行为结果** 全球/外国产品购买意愿、全球/本土产品实际购买	**品牌特征** 全球品牌来源国（本国 vs. 外国） **国家文化特征** 发展中国家 vs. 发达国家

续　表

界定视角	前因变量	效应机制	结果变量	调节变量
公民社群视角	**消费者特征** 人口统计学变量、经验开放性、个体全球化程度、全球性意识、道德原则考量、个性（亲和 vs. 开放） **情境因素** 关于全球化的信息框架（积极 vs. 消极）、环境规范性、居住地的人口多样性	**动机/规范** 仇外倾向、道德认同、学习动机、重视文化多样性 **情感** 群际共情、积极情绪	**品牌相关态度** 关于全球品牌定位/本土品牌定位的广告评价 **其他消费情境态度或行为** 对企业社会责任的态度 **与消费无关的态度或行为** 群际团结、群际帮助、全球公民责任意识、对社会(不)公正的态度、人权保护行为、环境保护意识或行为、可持续发展态度或行为、全球合作行为、慈善捐赠意向	**国家文化特征** 国家全球化程度 **情境因素** 善因营销范围（外国 vs. 本国）
二元视角	**消费者特征** 居住流动性	**动机/规范** 调节聚焦、消费开放性、牺牲思维、货币付出倾向 **认知** 差异性聚焦、感知质量差异、广告卷入度、解构水平、思维方式（发散 vs. 收敛）	**品牌相关态度** 全球/本土/外国产品态度 **其他消费情境态度或行为** 价格—感知质量联想、价格敏感性、对语码转换广告的态度、绿色消费行为、共享消费行为、新技术采纳	**消费者特征** 性别、物质主义、关于全球文化和本土文化的内隐观（冲突 vs. 兼容） **产品及品类特征** 产品质量差异（高 vs. 低）、品类（服务 vs. 产品）、品类（享乐品 vs. 实用品）

续　表

界定视角	前因变量	效应机制	结果变量	调节变量
二元视角			**与消费无关的态度或行为** 环境保护意识或行为、 对企业社会责任活动的态度、 捐赠行为	**国家文化特征** 发展中国家 vs. 发达国家 **情境因素** 价格上涨原因（全球 vs. 本土）、 顾客评论（分歧 vs. 统一）、 信息处理需要（融合 vs. 差异）、 身份对决策的信息诊断性、 关于全球化的信息框架（积极 vs. 消极）、 环境不确定性

资料来源：本书作者整理。

一、消费文化视角下全球—本土认同的相关研究现状

基于消费文化视角对全球—本土认同进行概念界定的研究，大多源自国际营销领域。这些文献聚焦的研究问题是：全球—本土认同是否影响消费者关于全球/外国/本土产品及品牌的态度评价、购买意愿和实际占有。

总体上，全球—本土认同显示出对上述结果变量的一致影响。例如，全球消费导向（Alden 等，2006；Riefler，2012）、基于全球品牌的全球公民信念（Strizhakova 等，2008，2011）、对全球消费文化的自我认同（Cleveland 和 Laroche，2007）始终对消费者对于全球品牌和外国品牌的态度或品牌化产品感知重要性存在积极影响。但令人意外的是，这些研究大多未涉及关于本土产品及品牌的探讨。即使 Strizhakova 等（2012）特别测量了消费者关于本土品牌的态度评价和实际购买，基于全球—本土认同的市场细分结果并未揭示本土认同群体（nationally-engaged）和本土品牌偏好的直接对应关系，甚至发现全球本土认同群体（glocally-engaged）相较于前者更偏向本土

品牌的态度和行为倾向。

进一步地，全球认同对全球品牌态度偏好的影响机制会受到品牌来源国或消费者所在国家特征的调节作用。例如，Riefler(2012)曾经刻画全球消费导向通过全球品牌评价对全球品牌态度的影响。研究显示，仅当消费者评价来自本国的全球品牌时，全球消费导向对全球品牌态度存在直接正向影响。又如，Strizhakova等(2011)提出，当消费者拥有基于全球品牌的公民信念时，会倾向于把全球品牌当作自我身份和感知质量的信号，因而会倾向于认为品牌化产品和全球品牌是重要的。但对于发达国家消费者，基于全球品牌的公民信念一方面只通过自我身份信号的路径对品牌化产品重要性产生影响，另一方面仅通过感知质量信号的路径对全球品牌重要性产生影响。而对于发展中国家消费者，在基于全球品牌的公民信念分别对品牌化产品重要性和全球品牌重要性的影响中，自我身份信号和感知质量信号均发挥中介作用。

该视角下的研究还尝试探讨了全球—本土认同的前因变量：① 人口统计学变量。例如，年轻消费者接触全球消费文化的程度更高，因而比年长消费者更易体现全球认同(Arnett，2002；Strizhakova等，2012)；② 过往经历。拥有海外旅行经历、经常接触大众媒体或其他国家居民的消费者，对全球消费文化的熟悉程度更高(Bornstein和D'Agostino，2012)，因而更容易产生全球认同(Alden等，2006；Zhou等，2008)；③ 消费者特征，包括文化开放性、消费者民族中心主义、物质主义和规范影响敏感性等(Alden等，2006；Strizhakova等，2008；Cleveland等，2013)。但这些研究的共同问题在于，尚未厘清这些变量与消费文化视角下的全球—本土认同存在的因果顺序。例如，物质主义和全球认同的影响关系在不同研究中甚至是相反的(Alden等，2006；Gonzalez-Fuentes，2019)。

二、公民社群视角下的全球—本土认同的相关研究现状

基于公民社群视角对全球—本土认同进行概念界定的研究，大多源自社会心理学领域。这些文献关注的研究问题是：相较于狭隘的本土认同，全球认同作为一种极其包容的社会认同，是否打破了人们感知到的从属群体的边界，从而对群际行为有所影响(即内群体偏好和外群体偏见)？因此，群际帮助行为、群际团结行为、全球公民责任意识、对社会(不)公正的态度、

环境保护行为、慈善捐赠行为、亲社会行为及全球合作行为等是最受关注的结果变量（Buchan 等，2011；McFarland 等，2012；Renger 和 Reese，2017；Nai 等，2018）。此外，这些研究还关注全球认同对人们深层次心理机制的影响，在情感层面包括加强群际共情和积极情绪（Snider 等，2013；Reese 等，2015），而在动机或规范层面则包括提升学习动机、重视文化多样性及道德认同（Reysen 和 Katzarska-Miller，2013；Snider 等，2013）和削弱仇外倾向等（Ariely，2017）。类似地，营销领域的研究还探讨全球—本土认同如何影响消费者对企业善因营销活动的评价。例如，Puncheva-Michelotti 等（2018）发现全球认同和本土认同都促使消费者将企业参与社会责任活动感知为履行道德义务（moral recognition）。

特别地，相关研究还探究了国家的全球化程度在上述效应中发挥的边界作用，但所得结论并不一致。例如，Ariely（2017）基于横跨 86 个国家的问卷调查结果，指出全球认同对仇外主义存在负向影响，且该效应在高全球化程度的国家中体现得更强。又如，Grimalda 等（2018）面向六个国家的实验研究表明，全球认同对全球合作行为的正向影响在低全球化程度的国家中体现得更强。

与消费文化视角下的研究类似，公民社群视角下的研究同样检验了人口统计学变量（如年龄、性别、教育程度和收入水平）、过往经历（如经验开放性、个体全球化程度）和消费者特征（如全球性意识、道德原则考量、个性）对全球—本土认同的影响（Westjohn 等，2012；McFarland 等，2012；Reysen 和 Katzarska-Miller，2013；Grimalda 等，2018）。然而，也有学者的研究结论与消费文化视角下的研究不一致（Arnett，2002；Strizhakova 等，2012）。Grimalda 等（2018）发现，人们的年龄越高，越倾向于全球认同。此外，该视角下的研究还特别考量了情境因素对全球—本土认同的塑造作用。例如，当用积极框架对全球化进行描述时（Snider 等，2013），当居住在高人口多样性的社区时（Nai 等，2018），或当周围环境都认为全球认同是一种规范时（Reysen 和 Katzarska-Miller，2013），人们更倾向于表现出全球认同。

三、二元视角下全球—本土认同的相关研究现状

二元视角下全球—本土认同的实证研究主要探索全球—本土认同对与

品牌无关的、更为间接和广泛的消费行为和心理过程的影响。值得注意的是，尽管这些文献对全球—本土认同的概念界定同时体现了消费文化和公民社群的内涵，但它们在实际研究中对两者往往存在忽视甚至混淆，有时甚至得到完全不一致的结果。

　　一方面，一些研究的概念界定和具体测量不匹配，且其效应机制存在国家间差异。例如，虽然 Strizhakova 和 Coulter（2013）试图证明物质主义对环境保护行为的正向影响受到全球认同的正向调节，并分别使用全球联结度（更多体现公民社群内涵）和全球品牌导向/全球生活导向（更多体现消费文化内涵）作为全球认同的操作化表征。结果发现，只有后者在发达市场中发挥调节作用，而两种表征在新兴市场中均存在影响。类似地，Westjohn 等（2009）探究全球—本土认同对消费者的新技术采纳意向。虽然此类研究统一使用了"全球自我认同（global self-identity）"的称谓，但是其操作化测量同时使用了世界主义—狭隘主义（更多体现消费文化内涵）（Yoon 等，1996）和全球认同—国家认同（更多体现公民社群内涵）（Der-Karabetian 和 Ruiz，1997）。结果显示，世界主义对新技术采纳意向的影响在中美两国均得到支持，而全球认同的影响在不同国家则显现出截然相反的趋势。另需注意的是，尽管数量甚少，仍有研究将不同视角下的全球—本土认同构念整合起来，探究它们对品牌态度偏好的共同影响作用。例如，Guo（2013）揭示了全球消费取向和全球认同对全球品牌态度的互补效应。又如，Grinstein 和 Reifler（2015）探讨了世界主义和本土认同如何共同影响消费者关于企业社会责任活动的态度。该主题的研究有助于揭示不同视角下全球—本土认同构念潜在的概念重叠和理论差异，为后续实证研究提供有价值的参考。

　　另一方面，相关研究沿用 Zhang 和 Khare（2009）对全球—本土认同的界定、操作和测量方式，同时体现了消费文化和公民社群的内涵，但其重点在于探索全球—本土认同在整体上对消费者动机、认知或信念等深层心理机制的影响，尚未注意并挖掘两种内涵可能引发的差异化效应。除验证全球认同和全球产品、本土认同和本土产品的对应关系外（Zhang 和 Khare，2009；Guo，2013；郭晓凌等，2014），这部分研究还探究了身份对决策信息诊断性（diagnosticity）、消费者是否需要表明与他人的差异（need to integrate vs. need to differentiate)、消费者认为全球文化和本土文化是冲突还是兼容，描述全球化的信息框架（积极 vs. 消极）以及环境不确定性等因素对全球—本土认同和全球/本土产品偏好对应关系的逆转作用（Zhang 和 Khare，2009；Zhang 和 Hong，2012；Ng 等，2021）。也有部分文献探究全球—本土认同对那些与品牌无关的消费行为及其深层次心理机制的影响，包括揭示全球—本土认同对消费者的牺牲思维和价格敏感性（Gao 等，2017）、差异性聚焦和价格—感知差异联想（price-perceived quality associations）（Yang 等，2019）、消费开放性和共享消费行为（access-based consumption）（Nie 等，2022）、语码转换（code-switching）广告偏好（Lin 和 Wang，2016）、解构水平和调节聚焦（Ng 和 Batra，2017）、捐赠行为（Wang 等，2021）等的影响，同时揭示了全球—本土认同与性别的匹配效应（Gao 等，2020），以及居住流动性对全球认同的影响效应（Wang 等，2021）。

第五节　结论与展望

一、研究结论

市场营销、国际商务及社会心理学等领域对全球—本土认同及其效应机制的探索是较为广泛且持续不断的。然而，这些研究在界定全球—本土认同时采用的构念名称并不统一，依据的理论基础各有差异，由此导致彼此之间的概念内涵和测量操作有所分歧，研究结论也难以进行相互比较，有时甚至会呈现并不一致的发现。本章试图通过跨学科检索和系统梳理，厘清全球—本土认同相关研究的基本脉络，对以往理论成果进行整合。首先，本章总结并阐述了界定全球—本土认同的理论基础，包括消费者文化理论、文化适应理论及社会认同理论。进一步地，按照具体内涵及理论基础的差异，本章提出了一个分类理论框架，把全球—本土认同分别界定为消费文化视角下的全球—本土认同、公民视角下的全球—本土认同和二元视角下的全球—本土认同。基于该框架，本章还回顾了各界定视角下关于全球—本土认同的测量方式和实验操作，并特别指出现有做法仍对界定视角和理论基础的关注不足。最后，本章基于全球—本土认同的三大界定视角，汇总评析了相关研究中所涉及的前因变量、效应机制、结果变量及调节变量,展现分类视角下全球—本土认同的完整研究脉络,同时揭示不同视角在研究主题上的差异化聚焦。

二、未来研究展望

虽然关于全球—本土认同的研究已经取得了较为丰富的成果,但围绕本章提出的分类视角及梳理得到的研究框架,可以厘清在未来研究中需要重点关注的若干问题。

首先,以往文献在综述消费者关于全球化的倾向性或消费者文化认同时,所使用的类型划分标准往往在于是否与消费范畴相关(Bartsch 等,2016;Strizhakova 和 Coulter,2019)。本章对全球—本土认同构念相关文献的回顾结果表明,这一构念可分为消费文化视角下的全球—本土认同、公民社群视角下的全球—本土认同和二元视角下的全球—本土认同。然而,尽管前两类界定视角各自拥有相对明确的理论基础和具体内涵,二元视角下的全球—本土认同则因其同时体现了消费文化和公民社群的具体内涵,而呈现出理论分歧。换言之,该界定视角下所体现的构念性质究竟是文化认同还是普遍意义上的社会认同? 进一步地,为何在存在理论分歧的情况下,近年来仍然有许多关于全球本土认同的研究采取二元视角下的概念界定(Zhang 和 Khare,2009;Gao 等,2017,2020;Ng 和 Batra,2017;Yang 等,2019;Nie 等,2022)? 二元视角仅是理论概念上的简单整合,还是确切体现在消费者关于全球化的真实认知中? 如果是后者,近年来直接采用二元视角界定的做法是否会带来研究主题上的偏倚,如只关注那些由“全球”或“本土”的整体区分而引发的后果,但忽视了“消费文化”或“公民社群”的具体内涵而造成的差异化影响? 对上述问题的解答,首先需要我们整合并重构不同界定视角下众多与全球—本土认同相关但略显重复的构念及对应量表(Bartsch 等,2016),为后续研究奠定工具基础。

其次,如前文所述,按照社会认同理论对全球—本土认同进行简单界定,关于全球社群和本土社群之间是相互兼容还是彼此互斥,无法得到确切答案。未来研究可通过厘清关于全球—本土认同的不同界定视角之间的关联与差异,并在消费者真实认知中予以验证,以深入理解全球认同和本土认同之间的关系，从而为当前全球化和逆全球化交织的现象提供可能的心理层面解释。具体地，无论是基于消费文化的本土认同，还是基于公民社群的本土认同，都构成了代表本地传统、福祉和文化氛围的独特社会群体（Buchan 等，2009，2011；Strizhakova 等，2012），具有明显的排外性，与全球化力量形成对抗张力（Arnett，2002；Strizhakova 和 Coulter，2019）。相反地，基于消费文化的全球认同和基于公民社群的全球认同在概念内涵上则存在鲜明对比。因此，一种可能的推断是：相较于本土认同，消费者关于全球认同的认知更为复杂，确实能够体现消费文化和公民社群两种不同的概念内涵。进一步亦可推断，这种反映具体内涵的全球—本土认同所蕴藏的根本性动机很有可能是彼此矛盾的：消费文化视角下的全球认同与商业利益和消费体验相关联，因而很可能意味着对个人享乐、自我价值、社会地位等内容的追求与重视；而公民社群视角下的全球认同则侧重于对群体福祉的考量，意味着极具包容性地承担全球公民意识和人本主义精神。针对这些推断，未来研究可以基于重构后的测量工具，为理解全球认同和本土认同之间的理论关系，尝试提供更多基于消费者的实际证据。

最后，基于本章提出的分类视角，未来研究还可以着重挖掘体现消费文化和公民社群两种不同具体内涵的全球—本土认同所引发的差异化心理机制和消费者行为，而不是仅仅关注二元视角下全球—本土认同在整体上的后续影响。事实上，由于体现的具体内涵及所引发的根本性动机不同，消费文化视角下的全球—本土认同和公民视角下的全球—本土认同对于相同行为后果的预测性也会有所差异，而基于二元视角的界定进行笼统预测更是会带来结果偏倚。这也体现在本章对不同界定视角下相关研究现状的梳理上：从研究主题来看，消费文化视角的研究大多预测体现享乐和利益的品牌偏好，公民社群视角的研究着重预测体现群体福祉的亲社会行为或企业社会责任评估，而二元视角的研究则关注不与具体内涵相连的共通特征或行为。因此，未来研究也可以广泛地探究不同界定视角下全球—本土认同对消费者心理过程（如动机、认知、情感及信念等）和行为规律的差异化影响，甚至着力于识别能够激活全球—本土认同下特定内涵（消费文化 vs. 公民社群）的情境因素或边界条件，为企业和政府管理者有效实施品牌全球化定位战略、扭转逆全球化带来的不良后果提供具体管理指引。此外，未来研究还可以对以往研究中因混淆不同界定视角下的概念内涵及测量操作而带来的不一致发现进行再验、比较及阐释（Westjohn 等，2009；Strizhakova等，2012；Strizhakova 和 Coulter，2013；Grimalda 等，2018），以提升我们基于全球—本土认同进行消费者行为预测的精准度。

战略实践篇

第三章
通过品牌真实性加强全球品牌建设

　　近年来,一些相对"小众"的全球品牌开始出现在中国消费者面前。例如,运动墨镜品牌欧克利(Oakley)在欧美市场上已经得到广泛认可,但在中国市场上,却仅有从事专业运动的"发烧友"能够轻易识别出该品牌;赢得全球消费者青睐的美国休闲鞋履品牌斯凯奇(Skechers)虽然已经取得中国一二线城市中部分年轻时尚消费群体的认可,但大部分消费者对其认识与关注程度仍处于较低水平。相对地,一些发源于中国本土的品牌(如联想、中兴和华为等)已经逐步迈向全球市场,其向消费者传递并营造的全球文化氛围本应发挥巨大的杠杆优势,但对于中国消费者却未必有效——绝大多数中国消费者对其拥有的"全球性"光环仍持有疑虑态度,并不将其归为真正的全球品牌。因此,这些对消费者而言尚属陌生的全球品牌,如何在全新的市场环境中有效地确立并传递自身品牌资产优势,在消费者心智中建立真实正宗的全球品牌形象,从而在进入新市场后的较短时间内被当地消费者快速纳入购买考虑范围,是亟待解决的关键问题。进一步地,这一过程在不同来源国的全球品牌上有何差异化的表现? 不同来源国的全球品牌应该在中国市场上重点关注和管理哪些全球品牌资产? 这些都是颇具实践意义的问题。

　　从理论的角度,全球品牌资产是全球品牌化领域中需要探讨的重要话题(Chabowski等,2013)。在对全球品牌所具有的共通性价值特征进行梳理的基础上(Holt等,2004;Dimofte等,2010),一些研究开始对全球品牌资产效应加以讨论,但大多只将全球品牌的概念性特征——感知品牌全球性(perceived brand globalness)作为核心构念,将消费者偏好全球品牌的价值来源(如感知质量、全球神话等)作为感知品牌全球性影响品牌购买可能性的效应机制（Steenkamp 等，2003；Swoboda 等，2012），不涉及探讨具体的全球品牌资产维度对购买可能性产生影响的效应机制。与此同时，学者们开始意识到，品牌真实性（brand authenticity）是消费者关于品牌体验的普遍需要（Aaker，1996；Brown 等，2003），因而是企业在建立品牌时需要考虑的本源性问题。全球品牌拥有的文化资本让其具备了带有特别意义的真实性，包括稀缺程度或独特程度不同的品位、技能、知识和实践活动等（Özsomer 和 Altaras，2008）。这一观点为理解全球品牌资产的效应机制提供了新的视角。然而，对品牌真实性的研究仍处于起步阶段，关于其定义、内涵和测量的探讨仅在近年来取得较为实质的进展（Beverland 和 Farrelly，2010；Morhart 等，2015），并且很少涉及因果关系的定量研究。因此，如何从品牌真实性角度理解全球品牌资产，需要同时从理论和实证的角度进行重新考量。

　　基于上述考虑，本章拟将全球品牌资产和品牌真实性纳入同一个框架内进行分析，探究全球品牌资产、品牌真实性和品牌购买可能性之间的可能关系。这既有明确的实践价值，也有普遍的理论意义。本章预计有三方面创新贡献：第一，从理论上构建全球品牌资产与品牌真实性的关系，对全球品牌资产的效应机制展开尝试性探索；第二，探究全球品牌资产效应在不同来源国的全球品牌上的差异化表征，明确在管理全球品牌资产时应重点关注的具体维度；第三，从定量研究的角度验证近期研究关于品牌真实性的概念界定和真实性感知形成机理的观点是否合理。

第一节　文献回顾

一、全球品牌资产

　　全球品牌往往表现出不同于其他品牌的共同且独特的价值（Holt 等，2004；Dimofte 等，2008），即全球品牌资产（global brand equity）。也有学者将其称作"全球品牌维度（global brand dimension）"（Holt 等，2004）。全球品牌维度能够对消费者态度和行为产生影响，是研究全球品牌效应及价值的基本前提，也是全球品牌化研究需要关注的重点问题（何佳讯，2013）。

　　关于全球品牌资产的研究首先关注对其内涵或维度的确定。Holt 等 (2004)曾以具体的全球品牌为研究对象,通过在全球范围实施的定性访谈 识别那些与全球品牌相联系的关键特征,如质量信号、全球神话、社会责任 和美国价值观等。随后在 12 个国家进行的问卷调查结果则显示,除美国价 值观外,其他三维度对购买决策的影响显著,能解释 64% 的变异。Dimofte 等(2008)认为由实际品牌名称激发的联想并不能解释或分割出纯粹的全球 性效应(globality effect)。因此,他们通过自由联想法抽取 135 名美国大学 生,调查他们在提起"全球品牌"整体时首先联想到的三项特征,再经由内容 分析、测项构造、问卷调查、探索性因子分析等一系列步骤,得到反映品牌全 球性(brand globality)的五个关键维度,即地理覆盖、受到渴望、低风险、道 德性和标准化。这两项研究所涉及的全球品牌资产维度存在意义关联,即 "质量信号"与"低风险"相对,"全球神话"与"受到渴望"相通,"社会责任"与 "道德性"相连。

　　进一步地,根据 Holt 等(2004)的研究,质量信号对全球品牌偏好的变 异解释程度高达 44%,而全球神话则可解释全球品牌偏好中 12% 的变异, 说明感知质量和全球神话是消费者偏好或购买全球品牌的重要原因,也是 最常被文献提及的全球品牌资产维度,同时尚存诸多研究空间(参见第 一章)。

　　在感知质量上,Strizhakova 及其同事针对品牌化产品的意义展开跨国 调查,发现无论是在发达市场还是在新兴市场,质量都是最重要的意义元 素。进一步地,他们还指出,发达国家和发展中国家的消费者均依赖质量信 号指导其对全球品牌的实际购买,而自我认同信号对后者的显著作用只体 现于发展中国家(Strizhakova 等,2011)。其他学者同样证实质量对于全球 品牌偏好或实际购买行为的重要作用(Steenkamp 等,2003;Özsomer, 2012)。然而,Dimofte 等(2008)在美国市场上进行的问卷调查则显示,当 就全球品牌这一整体概念进行自由联想时,"质量"及其相关词汇被提及的 比例仅占 5.4%。Schuiling 和 Kapferer(2004)则证明,在成熟市场上,本土 品牌比全球品牌具有更高的质量评价。因此,感知质量是否属于全球品 牌资产? 该维度在新兴市场能否发挥资产效应? 这些问题均需进一步 探讨。

根据消费者文化理论(consumer culture theory)(Arnould 和 Thompson，2005)，全球品牌中被感知到的文化资本是消费者用来建构身份的资源(Cayla 和 Arnould，2008；Özsomer 和 Altaras，2008)，可以给他们带来自我价值的强化和地位(Alden 等,1999)。从这一角度出发,消费者选择全球品牌不仅在于其产品提供了最高的价值,还在于它们可被视为文化理想的象征。消费者通过品牌消费建立想象中的全球认同,与志趣相投的人们发生联系。这一特性即被称作"全球神话"(Holt 等,2004)。然而,其他研究虽然提及了这项特征,但未就其效应机制展开具体探讨。例如,Swoboda 等(2012)指出,全球品牌的价值特征还包括情感表达的部分,即让消费者感到是兴奋的、潮流的和个性的,体现出全球文化的内涵。类似的称谓还有"受到渴望"(Dimofte 等,2008)、"符合消费者潮流"(Zhou 等,2008)等。

二、品牌真实性

真实性(authenticity)代表着真正的(genuine)、现实的(real)及正确的(true)事物(Beverland 和 Farrelly，2010)。真实性的内涵在总体上可被归纳成三种类型：客观真实是按照绝对衡量标准对客体事物进行真实性判断后的结果；建构真实是主体关于客体形成的、经过社会建构后的真实性感知；存在真实则强调主体的主观体验,也即主体是否感受到"真实的自我"(王新新和刘伟,2010；徐伟和王新新,2012)。品牌真实性是消费者对特定品牌是否是真正的、现实的和正确的品牌而进行的主观判断(Napoli 等,2014；Morhart 等,2015),反映消费者感知到的品牌对其自身及其消费者是忠诚及真实的,并帮助消费者忠实于他们自身的程度(Morhart 等,2015)。因此,品牌真实性也具有与真实性概念相同的多元内涵,是客观事实(客观真实)、主观心理联想(建构真实)和与品牌相关的存在主义动机(存在真实)共同作用的结果(Morhart 等,2015)。

事实上,不同类型的真实性彼此之间并非互相排斥,而是共同组成主体关于外在事物的真实性判断(Leigh 等,2006)。因此,使用主客体真实的划分标准无法清楚地区分某一事物(如品牌)究竟属于哪种类型的真实。在形成真实性感知的过程中,虽然学者们总结出的能够引发消费者品牌真实性感知的线索从某种程度上也能被进一步区分成客观真实、建构真实及存在真实等类型(Napoli等,2014；Morhart等,2015),但这并不意味着由不同类型的线索所引发的真实性感知也归属于同样的类型(Grayson和Martinec,2004；Beverland和Farrelly,2010)。真实性不是存在于客观事物中的一种属性,而是消费者关于所观察事物本质的社会建构式的解释(Rose和Wood,2005；Beverland等,2008)。消费者按照其个体目标(控制、联系和道德)选择性地使用或忽略各类线索、标准或策略,最终达到真实性需求的满足(Beverland和Farrelly,2010)。因此可以认为,与产品或品牌有关的线索能够引起消费者的品牌真实性感知,但这些线索可以激发怎样的品牌真实性感受,甚至对消费者品牌决策产生怎样的影响,则取决于消费者的个体目标和其他情境因素。

品牌真实性是多维度的构念(Spiggle等,2012；Napoli等,2014)。关于品牌真实性的研究不能只停留在对真实或不真实的判断上,还应该深入了解消费者关于不同真实性内容的解释(Beverland和Farelley,2010)。具体到对品牌真实性的维度表征上,Napoli等(2014)和Morhart等(2015)均从消费者角度对品牌真实性进行了系统全面的量表构建。Napoli等(2014)没有从品牌真实性本身的定义和内涵入手,而是在总结可能引发品牌真实性感知的若干线索的基础上,对其进行了更高维度的归集。但这种做法与品牌真实性的形成机制相悖(Grayson和Martinec,2004；Rose和Wood,2005；Beverland和Farelley,2010)。

与之相对,Morhart等(2015)将真实性本身的内涵拓展到对品牌真实性的界定,并以此为准则,通过定性访谈与跨国调研将品牌真实性划分成四个维度:可信(credibility)与品牌质量和品牌个性中的真诚维度相接近,反映品牌对消费者透明诚实的程度及其实践品牌承诺的意愿和能力;象征(symbolism)类似于品牌依恋中的身份认同部分,通过体现消费者认为重要的价值观而帮助他们完成自我塑造;持续(continuity)的内涵与血统或品牌遗产等概念有重叠之处,反映品牌是否具有历史并能够超越潮流、成为永恒;正直(integrity)意指品牌在其意图及所传递的价值观中体现的美德,是品牌所展示的与商业性动机相分离的部分。他们同时提出,品牌真实性下的每一个维度都可以同时体现客观真实、建构真实和存在真实。以持续为例,客观真实可反映于品牌与其诞生之日的比较上,建构真实体现在消费者对品牌的形象或设计的综合感知上，而存在真实则通过品牌是否唤起消费者的童年记忆和怀旧情绪而得以呈现。根据前文对真实性和品牌真实性文献的追溯，这是更符合品牌真实性本义的做法。

第二节　理论模型和研究假设

一、基本模型

尽管"全球品牌资产"往往作为一个整体概念被学者们提及，但它并非已被验证信效度的完整构念。现有文献对全球品牌资产究竟包含哪些基本维度仍存在分歧，偏差则可能源于所选取的调查国家（经济发展水平）和测量层次（基于具体/整体的全球品牌）。事实上，全球品牌化领域的很多实证研究往往撷取某些与全球品牌相关的具体品牌联想，探求它们如何对消费者意愿直接产生作用（Strizhakova 等，2008；Madden 等，2012）。这为我们选取一到两个具体的全球品牌资产维度进行深入探索提供了合理依据。

根据前文论述，由于感知质量和全球神话对消费者全球品牌偏好存在重要预测作用，本章将其作为全球品牌资产的主要表征。进一步地，根据品牌真实性的形成机制，关于品牌是否真实的判断源于商家向消费者呈现的线索和消费者如何运用这些线索（Grayson 和 Martinec，2004；Rose 和 Wood，2005；Beverland 和 Farrelly，2010）。因此，如果将全球品牌资产作为先行线索，它们是否也能被"解读"成消费者关于不同维度的品牌真实性感受，从而提升品牌购买可能性呢？这涉及全球品牌资产维度如何影响品牌购买可能性的效应机制问题。具体地，本章采用 Morhart 等（2015）的 PBA（perceived brand authenticity）量表对品牌真实性进行操作化测量。

同时，虽然全球品牌大都源自欧美发达国家或地区，但是越来越多的中国全球品牌开始崭露头角（Kumar 和 Steenkamp，2013）。对中国消费者而言，这些全球品牌兼具"全球性"和"本土性"的双重光环（Özsomer，2012），与传统意义上源于外国的全球品牌存在差异。因此，作为线索的感知质量和全球神话如何影响综合性品牌评价的整个过程，还会因品牌来源国而展现出不同（Swoboda 等，2012）。综上，本章理论框架如图 3-1 所示。

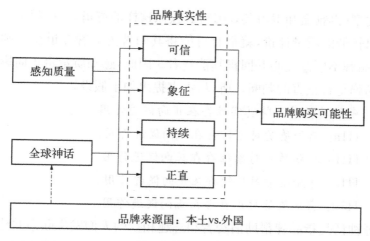

图 3 - 1　理论模型

二、全球品牌资产对品牌真实性的直接影响

感知质量是形成消费者品牌真实性感知的重要线索(Beverland,2005;Napoli 等,2014)。具体到品牌真实性的每一个维度:首先,从信息经济学的角度,品牌可靠性(brand credibility)是一种信号,可以加强消费者对于品牌质量的感知(Erdem 等,2006)。同样可以推测,如果感知质量提升,消费者对于品牌可靠性的评价也会增强,即对可信维度存在提升作用。其次,感知质量对象征维度也存在正向促进作用。原因在于,当消费者为获得控制感而寻求真实性时,总会希望了解更多的事实性信息,依据品牌或产品的功能性利益而做出判断。此时,真实性反映了消费者对于其自身和周边环境的掌握和控制(Beverland 和 Farelley,2010)。由此可以引申,消费者通过选择质量更佳的品牌而获得自我提升和自我依靠的感觉。再次,高质量往往是品牌得以延续发展的原因。如果某一品牌的产品不能保持较高的质量水准,会使消费者失去对其进行持续购买的动机,品牌也失去了存续下去的能力与理由。因此,在评估品牌延伸产品的真实性(brand extension authenticity)时,"保持品牌标准和风格"是其重要组成部分(Spiggle 等,2012)。最后,从品牌危机的角度,品牌负面曝光事件虽可被划分成能力和道德两种类型,但一般无法清楚地区分真实的品牌负面事件究竟应归因于

哪一种类型（冉雅璇和卫海英，2015）。按照这样的逻辑，一旦消费者对某一品牌做出较低的质量评价，就很有可能将其归咎为品牌在道德原则上的缺失，认为品牌不愿意关心并回报其消费者。因此，感知质量也正向影响消费者关于品牌是否正直的判断。所以，本书提出如下假设。

H1：感知质量对品牌真实性存在正向促进作用。

H1a：感知质量对可信存在正向促进作用。

H1b：感知质量对象征存在正向促进作用。

H1c：感知质量对持续存在正向促进作用。

H1d：感知质量对正直存在正向促进作用。

全球神话是指品牌帮助消费者和志趣相投的人们发生联系并建立起全球认同感的程度（Holt 等，2004），本质上属于品牌的象征性利益（Keller，1993）。而文化象征（cultural symbolism）正是能够引发消费者关于品牌真实性感知的七类前置线索之一（Napoli 等，2014）。因此从整体来看，全球神话能够提升消费者的品牌真实性感知。

具体地，Strizhakova 等（2008）提出的构念"全球公民信念（belief in global citizenship）"反映的是消费者坚信全球品牌作为整体能够发挥全球神话作用的程度，属于一种消费者特质。根据 Strizhakova 等（2011）的研究，高全球公民信念的消费者倾向于将全球品牌整体作为质量和自我认同的信号。对上述结论进行引申，如果某个具体的全球品牌能够让消费者产生更强的全球公民信念，该品牌在全球神话维度上的评价也就越高（Holt 等，2004）。高全球神话的品牌不仅向消费者传递了品牌性能值得信赖的信号，还可以成为消费者用以彰显身份的符号和象征。全球神话对可信和象征均发挥正向促进作用。

此外，全球神话是企业试图建立的全球消费者文化（global consumer culture）在消费者感知上的体现。一方面，全球消费者文化体现出经久不衰的、能为企业带来实际力量和价值的潮流（Aaker，1991；Alden 等，1999）。因此，品牌越能体现全球消费者文化，消费者越倾向于认为其拥有稳定持久的增值能力。全球神话对消费者持续发挥正向影响。另一方面，全球消费者文化意味着全世界消费者能够理解并分享一系列象征及符号（Akaka 和 Alden，2010）。然而，如果品牌无法迎合不同地理区域内消费者的价值观，其所提供的文化资本就无法得到广泛传播。也就是说,品牌的全球神话越高,越意味着它传递的是普适性价值、能为消费者带来关心与回报。全球神话对正直存在提升作用。由此,本书提出如下假设。

　　H2:全球神话对品牌真实性存在正向促进作用。

　　　　H2a:全球神话对可信存在正向促进作用。

　　　　H2b:全球神话对象征存在正向促进作用。

　　　　H2c:全球神话对持续存在正向促进作用。

　　　　H2d:全球神话对正直存在正向促进作用。

三、品牌真实性对品牌购买可能性的直接作用

　　消费者需要真实的品牌体验(Aaker,1996),总是在其消费经历中寻求真实性(Arnould 和 Price,2000;Beverland 和 Farrelly,2010)。因此,对于那些被感知为真实的品牌,消费者往往表现得更为积极(Rose 和 Wood,2004)。同时,消费者的真实性评价是主观且极具个性化的(Grayson 和 Martinec,2004),体现的是他们关于特定客体的态度与信念(Napoli 等,2014)。诸多研究已经证明,态度对行为存在紧密稳定的预测作用(Fishbein 和 Ajzen,1975;Ajzen 和 Fishbein,1980)。所以,从理论来看,品牌真实性必然对品牌购买可能性存在正向促进作用。

　　实证研究也表明,真实性能够有效提升消费者的行为意向。Spiggle 等(2012)关注品牌延伸产品的真实性,发现无论是对产品态度、购买意愿和推荐意愿,品牌延伸真实性都存在显著的正向影响。Newman 和 Dhar(2014)证明,消费者认为产自公司发源地的产品能够保留更多的品牌精髓,因而给予这些产品更高的真实性评价,进而有效提升了他们对产品的各项评估。Morhart 等(2015)同样验证了 PBA 量表的预测效度。一方面,可信、象征和正直对情感品牌依附存在正向影响,而持续的作用则不明显;另一方面,除象征外,可信、持续和正直均对口碑推荐意愿产生提升作用。他们的实验室研究亦表明,如果通过语言描述将同样品牌的产品操作成真实性高低不同的两组,高真实性组的消费者会表现出更高的品牌选择可能性。基于以上论述,本书提出如下假设。

　　H3:品牌真实性对品牌购买可能性存在正向促进作用。

　　H3a：可信对品牌购买可能性存在正向促进作用。

　　H3b：象征对品牌购买可能性存在正向促进作用。

　　H3c：持续对品牌购买可能性存在正向促进作用。

　　H3d：正直对品牌购买可能性存在正向促进作用。

四、品牌来源国对全球品牌资产效应的调节作用

　　通常情况下，可以按来源国的不同将全球品牌分成来自本土和来自外国两种类型（Riefler，2012；Swoboda等，2012）。本章认为，不同来源国的品牌所拥有的全球品牌资产的强度各有高低，因而中国本土消费者在面临不同来源国的全球品牌时，不同全球品牌资产对最终的品牌购买可能性的提升作用也会有所差异。

　　与外国全球品牌相比，本土全球品牌更能了解当地需求、定价策略更加灵活、性价比更高，可以提供让消费者更加满意的产品（Schuiling 和 Kapferer，2004）。相对于外国全球品牌，本土全球品牌在功能价值上存在优越性（Swoboda等，2012）。延伸到感知质量对全球品牌态度的影响上，Riefler（2012）表明，消费者对本土全球品牌的积极态度受到全球消费取向（global consumption orientation）的直接影响，品牌全球性（brand globalness）主要发挥质量信号的作用。但该直接作用并不体现于外国全球品牌，间接说明驱动消费者喜爱本土全球品牌的主要动机在于感知质量等物质因素。因此，与外国全球品牌相比，感知质量对购买意愿的影响效应在本土全球品牌上体现得更明显。

　　同样根据 Riefler（2012）的研究，当评价外国全球品牌时，消费者对经济全球化的态度（globalization attitude）对全球品牌的购买意愿存在直接的正面影响，而全球消费取向对全球品牌态度的提升作用则需经过全球品牌评价（质量、形象和性价比）的中介机制，说明消费者对外国全球品牌的积极态度直接受益于它们的"外来光环"。另外，Strizhakova 等（2011）发现，无论是在发展中国家还是发达国家，全球公民信念都会促使消费者将全球品牌作为质量信号，进而促使其购买全球品牌；只有在发展中国家中，全球品牌才被当作某种身份认同信号，在全球公民信念对全球品牌购买的正向影响中发挥中介作用。换言之，关于全球文化的象征性是更为新兴市场消费者所看重的利益资源。对于中国消费者而言，进入本土市场的外国全球品牌

中所体现的全球神话意涵较本土全球品牌更为丰富，并会对品牌购买意愿产生更大的决策影响。综上，本书提出如下假设。

H4a：相较于外国全球品牌，感知质量对品牌购买可能性的总效应在本土全球品牌上体现得更高。

H4b：相较于本土全球品牌，全球神话对品牌购买可能性的总效应在外国全球品牌上体现得更高。

第三节　研 究 方 法

一、测试品类与品牌选取

本章采取 AC Nielsen 对全球品牌的界定标准筛选测试品牌，即至少5%的销量来自本国之外，总收入至少达到 10 亿美元（Özsomer 和 Altaras，2008）。在具体操作时，先确定各品类下的中国品牌，再确定对应外国品牌，以满足配对需求。首先，笔者依次检阅 Interbrand"2014 中国最佳品牌"榜单上所有品牌在 2013 年度的企业年报、官方网站和权威媒体报道，判断是否符合上述标准。然后，通过搜寻各大电商网站和品牌官方主页，确定每个中国品牌下在售产品所涉及的品类。同时回溯 Interbrand"2014 全球最佳品牌"榜单，提取同一品类下与中国品牌相对应的外国品牌。最后，按照弱化原产国效应、协调价格档次及抽取品牌主营品类等要求，确定最终的测试品类及品牌，即电冰箱（海尔、西门子）、手机（华为、苹果）和个人电脑（联想、惠普）。

二、问卷设计与变量测量

本书针对三大品类下的 6 个品牌共设计 6 个版本的问卷。卷首放置被测试品牌的品牌标志图片，以激发被访者关于该品牌的更丰富联想。随后，对研究涉及的各构念进行测量。最后记录被访者的人口统计学信息。

对感知质量的测量基于 Steenkamp 等（2003）的两个测项。对全球神话的测量借鉴 Strizhakova 等（2008）对全球公民信念的测量，但根据研究需要将原测项中的"全球品牌"改成针对具体品牌评估的"这个品牌"。对品牌真实性的测量采用 Morhart 等（2015）开发的感知品牌真实性量表。因变量

"品牌购买可能性"的测项则源于 Steenkamp 等(2003)的研究。另外,本书借鉴 Swoboda 等(2012)和 Steenkamp 等(2003)的研究,将品牌熟悉度和产品涉入度作为控制变量,以进行测量。前者测项源自 Steenkamp 等(2003),而后者则源于 Jain 和 Srinivasan(1990)的研究。

对感知质量、全球神话、品牌真实性、品牌熟悉度及产品涉入度的测量,均按照 7 点 Likert 量表执行。其中,1 分表示"完全不同意",7 分表示"完全同意"。对品牌购买可能性的测量则采用－3 到 3 分的等级评分方式。对于其他控制变量,年龄变量共分 7 个等距档次;收入水平则以被试家庭的每月总收入进行衡量,从低到高共分 12 个档次(最低档次赋值为 1,依次类推)。性别和品牌来源国则按哑变量处理。

三、数据收集与样本描述

本书的问卷发放对象是上海某重点高校的 MBA 在读及已毕业学生。发放途径包括电子邮件和课堂现场发放。以电子邮件形式发放的问卷回收期为 5 天,在课堂上则进行现场回收。在发放问卷的同时,承诺基于最终回收的有效问卷进行概率为 10% 的随机抽奖,以提高被访者的参与积极性,保证答卷的质量。共发送 967 份问卷填写邀请,为每位被邀请者随机分配一个版本的问卷。在剔除空白或不完整、答题不认真的问卷后,最终确定有效问卷 248 份,有效回收率为 25.65%。其中,男性占 59.30%,女性占 40.70%;91.90% 的被访者年龄集中在 30～49 岁之间;家庭月收入在两万元以上的被试占 64.00%;每个品牌产品的问卷数量分别为海尔(42 份)、西门子(41 份)、华为(42 份)、苹果(43 份)、联想(43 份)、惠普(37 份),平均为 41 份。

第四节　数据分析与假设检验

一、信度和效度检验

(一)基本信效度指标

本章开发的问卷均源自既有研究开发和普遍使用的成熟量表,构念的内容效度得到验证。信效度指标及描述性统计结果如表 3－1、表 3－2 所示。首先,所有构念的 Cronbach's α 系数介于 0.70~0.93 之间,信度良好。整体拟合优度也处于可接受范围之内;其次,各测项的标准化因子载荷值均高于 0.50,对应 t 值也高于 1.96,各构念的组合信度均大于 0.70,而除产品涉入度外,AVE 值均大于 0.60,说明测项与其对应构念之间的建构效度和收敛效度良好;最后,各构念的 AVE 值都高于该构念与其他构念之间的相关系数平方值,说明其区分效度良好。

表 3-1　各构念测量操作与量表信效度

构 念 及 测 项	λ	t	r	CA	CR
品牌购买可能性(Steenkamp 等,2003)					
一定不会购买/一定会购买	0.88	—	0.94	0.877	0.878
一点也不可能购买/非常可能购买	0.89	15.13	0.94		
感知质量(Steenkamp 等,2003)					
这个品牌的整体质量很高	0.96	—	0.97	0.929	0.928
这是一个优质的品牌	0.90	18.54	0.97		
全球神话(Strizhakova 等,2008)					
购买这个品牌让我感到自己是一个世界公民	0.90	—	0.94	0.933	0.930
购买这个品牌让我感觉自己属于某种更宏大的群体	0.89	20.48	0.94		
购买这个品牌给我一种对全球市场的归属感	0.92	22.14	0.95		
品牌真实性—可信(Morhart 等,2015)					
这个品牌不会辜负我	0.88	—	0.92	0.903	0.912
这个品牌能够兑现它的价值承诺	0.92	20.77	0.94		
这是一个诚实的品牌	0.84	17.60	0.90		
品牌真实性—象征(Morhart 等,2015)					
这个品牌能够为人们的生活增添意义	0.74	—	0.80	0.890	0.901
这个品牌反映出人们关心的重要价值观	0.89	14.25	0.89		
这个品牌将人们与他们的真实自我联系起来	0.88	14.14	0.90		
这个品牌将人们与那些真正重要的东西联系起来	0.82	13.05	0.87		

续　表

构 念 及 测 项	λ	t	r	CA	CR
品牌真实性—持续(Morhart 等,2015)				0.866	0.878
这是一个有历史的品牌	0.62	—	0.72		
这是一个永恒的品牌	0.86	10.60	0.89		
这个品牌经久不衰	0.90	10.88	0.91		
这个品牌不会被潮流淘汰	0.81	10.18	0.85		
品牌真实性—正直(Morhart 等,2015)				0.928	0.928
这个品牌愿意回报自己的消费者	0.79	—	0.87		
这个品牌是拥有道德原则的	0.92	17.11	0.93		
这个品牌忠于一套道德价值观	0.91	16.78	0.92		
这个品牌关心自己的消费者	0.87	15.92	0.91		
品牌熟悉度(Steenkamp 等,2003)				0.765	0.769
我对这个品牌非常熟悉	0.81	—	0.90		
我对这个品牌非常了解	0.77	8.57	0.90		
产品涉入度(Jain 和 Srinivasan,1990)				0.698	0.717
如果我买错了[品类名称],那是没什么大不了的	0.59	—	0.78		
买了不称心的[品类名称],那真让人懊恼	0.87	5.91	0.82		
没选好买什么样的[品类名称],我会心烦意乱	0.55	6.66	0.78		

拟合指数: $\chi^2_{(288)} = 487.65$, $\chi^2/df = 1.69$, $p < 0.001$; CFI = 0.99, IFI = 0.99; NFI = 0.97, RFI = 0.96, RMSEA = 0.053

（二）共同方法偏差控制

本章使用多种方法控制可能存在的共同方法偏差（Podsakoff 等，2003）。在问卷设计方面，我们在指导语中说明回答并无对错之分，鼓励被访者按其自身想法如实回答，从而降低社会期望效应及评价顾忌对结果可能产生的偏倚。另外，预测变量（感知质量和全球神话）、效标变量（品牌真实性、品牌购买可能性）和控制变量（品牌熟悉度和产品涉入度）等测项，采取了语义差别量表和 7 点 Likert 量表两种不同的方式进行呈现。同时，在

表 3 - 2 描述性统计与相关系数

	1	2	3	4	5	6	7	8	9	10
1. 感知质量	0.866	0.190	0.308	0.282	0.154	0.177	0.278	0.143	0.000	0.112
2. 全球神话	0.436***	0.816	0.235	0.365	0.158	0.214	0.176	0.143	0.009	0.022
3. 可信	0.555***	0.485***	0.778	0.448	0.280	0.416	0.314	0.172	0.001	0.008
4. 象征	0.531***	0.604***	0.669***	0.696	0.272	0.343	0.255	0.151	0.008	0.028
5. 持续	0.393***	0.398***	0.529***	0.522***	0.649	0.294	0.176	0.058	0.001	0.017
6. 正直	0.421***	0.463***	0.645***	0.586***	0.542***	0.766	0.223	0.110	0.002	0.004
7. 品牌购买可能性	0.527***	0.419***	0.560***	0.505***	0.420***	0.472***	0.787	0.198	0.001	0.034
8. 品牌熟悉度	0.378***	0.378***	0.415***	0.388***	0.240***	0.331***	0.445***	0.627	0.002	0.013
9. 产品涉入度	0.017	0.093	0.035	0.090	0.038	0.040	0.035	0.046	0.467	0.001
10. 品牌来源国	−0.335***	−0.148	−0.090	−0.166**	−0.129*	−0.062	−0.185**	−0.114	0.028	—
M	5.647	3.495	4.925	4.510	4.403	4.570	5.081	5.192	5.109	0.520
SD	1.128	1.553	1.089	1.074	1.313	1.153	1.454	1.263	1.296	0.501

注: * 表示 $p < 0.05$，** 表示 $p < 0.01$，*** 表示 $p < 0.001$。其中，表中对角线上方为各构念的 AVE 值，对角线下方为构念间相关系数，对角线上方为之对应的相关系数平方值。品牌来源国为国外时赋值为 0，为本土时赋值为 1。

效标变量和预测变量间插入与研究主题无关的其他量表进行区隔。在统计方法上，笔者进行 Harman 单因素检验，对所有构念测项做未旋转主成分分析，共析出 7 个因子，第一个因子的方差解释率占 41.24%，低于 50%，说明调查数据受共同方法偏差的影响较小。

（三）跨群组测量恒等性

由于后续分析需验证品牌来源国的调节作用，事先应证实本章采取的关于各构念的测量方式在不同群组中具有恒等性，即具体测项对潜变量的载荷路径和载荷系数一致（Steenkamp 和 Baugartner，1998），结果如表 3 - 3 所示。首先，按照验证性因子分析中的结构，限定各测项对不同因子的载荷路径，但允许自由估计对应的载荷系数，对本土全球品牌/外国全球品牌两个群组同时进行模型拟合。结果发现，整体拟合优度良好，在不同群组中各测项的标准化因子载荷值均高于 0.60。这说明该因子结构在两个群组中均成立，研究采取的构念测量操作具有完全形态恒等性（full configural invariance）。随后，限定各测项对应因子的载荷系数在两个群组中相等，再次对两个群组进行验证性因子分析。$\Delta\chi^2_{(18)} = 27.18(p > 0.05)$，变化不明显，其余拟合优度指标亦不具有明显变化，而 CAIC 值则明显下降，证明了完全测度恒等性（full metric invariance）的存在。

表 3 - 3　测量恒等性

模型	χ^2	df	$\Delta\chi^2$（p 值）	CFI（ΔCFI）	NFI（ΔNFI）	RMSEA（ΔRMSEA）	CAIC（ΔCAIC）
模型 1：结构恒等性	913.97	576	—	0.98（—）	0.94（—）	0.062（—）	2 017.26（—）
模型 2：测度恒等性	941.15	594	27.18（$p > 0.05$）	0.97（−0.01）	0.94（0.00）	0.061（−0.01）	1 925.20（−92.06）

二、假设验证

（一）主效应

采用结构方程模型进行假设验证。对测量模型和结构模型进行同时估计,结果如表 3 - 4 所示。全样本模型的拟合指数良好($\chi^2_{(304)} = 645.14$,$\chi^2 / df = 2.12$,$p < 0.001$,CFI $= 0.98$,IFI $= 0.98$,RFI $= 0.95$,NFI $= 0.95$,RMSEA $= 0.071$),基本符合标准。

表 3 - 4 不同样本的路径系数:基本模型

	全样本模型 ($n=248$)		多群组模型					
			外国 ($n=121$)		本土 ($n=127$)		群组间 效应差异	
	β	p	β	p	β	p	β	(H4a/ H4b)
直接效应								
感知质量→可信(H1a)	0.49	***	0.46	***	0.54	***		
感知质量→象征(H1b)	0.36	***	0.21	**	0.53	***		
感知质量→持续(H1c)	0.30	***	0.11	n. s.	0.55	***		
感知质量→正直(H1d)	0.34	***	0.33	***	0.42	***		
全球神话→可信(H2a)	0.32	***	0.24	**	0.44	***		
全球神话→象征(H2b)	0.50	***	0.42	***	0.59	***		
全球神话→持续(H2c)	0.33	***	0.30	***	0.36	**		
全球神话→正直(H2d)	0.36	***	0.31	***	0.40	***		
可信→品牌购买可能性(H3a)	0.26	***	0.31	***	0.26	*		
象征→品牌购买可能性(H3b)	0.16	*	0.23	†	0.04	n. s.		
持续→品牌购买可能性(H3c)	0.11	†	0.04	n. s.	0.21	*		
正直→品牌购买可能性(H3d)	0.11	n. s.	0.01	n. s.	0.15	†		
品牌熟悉度→品牌购买可能性	0.30	***	0.27	*	0.32		3.35	
产品涉入度→品牌购买可能性	−0.05	n. s.	−0.06	n. s.	−0.07	n. s.		
总效应								

续　表

	全样本模型 ($n=248$)		多群组模型					
			外国 ($n=121$)		本土 ($n=127$)		群组间 效应差异	
	β	p	β	p	β	p	β	(H4a/ H4b)
感知质量→品牌购买可能性 （H4a）	0.25	***	0.23	***	0.30	***	0.07	*
全球神话→品牌购买可能性 （H4b）	0.24	***	0.22	***	0.23	***	0.01	n. s.

拟合指数

全样本模型：$\chi^2_{(304)}=645.14$，$\chi^2/df=2.12$，$p<0.001$，CFI$=0.98$，IFI$=0.98$，RFI$=0.95$，NFI$=0.95$，RMSEA$=0.071$

多群组模型：$\chi^2_{(608)}=1\,080.39$，$\chi^2/df=1.81$，$p<0.001$，CFI$=0.96$，IFI$=0.96$，RFI$=0.91$，NFI$=0.92$，RMSEA$=0.079$

注：n. s. $=$no significance，表示在统计意义无差别，$\dagger$ 表示 $p<0.10$，$*$ 表示 $p<0.05$，$**$ 表示 $p<0.01$，$***$ 表示 $p<0.001$。表中 β 系数为标准化路径系数。

　　从直接效应来看，感知质量与可信（$\beta=0.49$，$p<0.001$）、象征（$\beta=0.36$，$p<0.001$）、持续（$\beta=0.30$，$p<0.001$）和正直（$\beta=0.34$，$p<0.001$）均存在显著的正向关系，H1a—H1d 得到证实。类似地，全球神话对可信（$\beta=0.32$，$p<0.001$）、象征（$\beta=0.50$，$p<0.001$）、持续（$\beta=0.33$，$p<0.001$）和正直（$\beta=0.36$，$p<0.001$）也发挥了显著的促进作用，验证了假设 H2a—H2d。这也说明，全球品牌资产（感知质量和全球神话）能够分别提升消费者对于不同维度的品牌真实性感知。

　　具体到品牌真实性的不同维度对消费者对于全球品牌购买可能性的预测作用，可信（$\beta=0.26$，$p<0.001$）和象征（$\beta=0.16$，$p<0.05$）均能够显著提升品牌购买可能性，持续对品牌购买可能性的促进作用达到边缘显著水平（$\beta=0.11$，$p<0.10$），而正直对后者则不产生显著正向影响。因此，H3a 和 H3b 得到证实，H3c 得到部分支持，但 H3d 未能得到验证。某种程度上可以认为，对中国消费者关于全球品牌的购买可能性产生实质影响的真实

性维度主要体现在可信、象征及持续上。

从间接效应来看,感知质量($\beta=0.25$, $p<0.001$)和全球神话($\beta=0.24$, $p<0.001$)均通过品牌真实性对购买可能性产生显著的间接促进作用,说明全球品牌资产(感知质量和全球神话)对消费者关于品牌购买可能性的提升确实通过品牌真实性的各个维度发挥影响。另外,作为控制变量的品牌熟悉度对品牌购买可能性存在显著提升作用($\beta=0.30$, $p<0.001$),说明消费者对某一品牌的熟悉度越高,购买该品牌的可能性越大。产品卷入度的作用则不明显。

（二）品牌来源国的调节作用

基于不同的品牌来源国(外国全球品牌/本土全球品牌)而进行多群组分析,结果如表 3-4 所示。模型同样得到了较好的拟合($\chi^2_{(608)}=1\,080.39$, $\chi^2/df=1.81$, $p<0.001$, CFI$=0.96$, IFI$=0.96$, RFI$=0.91$, NFI$=0.92$, RMSEA$=0.079$)。

对于外国全球品牌,除感知质量对持续维度的直接促进作用不显著($\beta=0.11$, n.s.),余下的全球品牌资产(感知质量和全球神话)对品牌真实性四个维度的直接路径均达到显著水平,品牌真实性下仅可信($\beta=0.31$, $p<0.001$)和象征($\beta=0.23$, $p<0.10$)对品牌购买可能性发挥正向作用,后者为边缘显著水平。对于本土全球品牌,感知质量和全球神话对品牌真实性各维度均发挥显著提升作用,品牌真实性中可信($\beta=0.26$, $p<0.05$)和持续($\beta=0.21$, $p<0.05$)均对品牌购买可能性存在促进作用,正直对后者的提升作用则达到边缘显著水平($\beta=0.15$, $p<0.10$)。

具体到先前的 H4,在品牌来源国的调节作用下,全球品牌资产对品牌购买可能性影响的总效应存在差异。对于外国全球品牌,感知质量通过品牌真实性对品牌购买可能性所产生正向影响的标准化效应值为 0.23,而在本土全球品牌中,对应效应值则为 0.30,后者比前者高出 0.07。类似地,全球神话对品牌购买可能性的总体作用在外国全球品牌上体现为 0.22,而在本土全球品牌上则是 0.23,两者差值为 0.01。

为了检验上述差异是否显著,再重新构建两个模型。第一个模型允许两个群组(外国 vs. 本土)下的所有路径系数进行自由拟合,而第二个模型假设被品牌来源国调节的路径在两个群组间的路径系数相等。如果两个模型间的卡方值差异达到统计学意义上的显著水平,则品牌来源国的调节效应显著存在。先针对感知质量通过品牌真实性的四个维度对品牌购买可能性产生影响的相关路径进行分析,发现 $\Delta\chi^2_{(8)}=15.91(p<0.05)$,即 H4a 得到支持。这说明,感知质量通过品牌真实性对品牌购买可能性的总体影响在本土全球品牌上体现得更明显,感知质量是更能促进消费者对本土品牌进行购买的全球品牌资产。随后,针对全球神话对品牌购买可能性发挥作用的所有相关路径进行分析,发现 $\Delta\chi^2_{(8)}=0.18(\text{n. s.})$,即 H4b 未得到证实。

第五节 结 论 与 讨 论

一、结论

本章尝试将品牌真实性这个相对较新的概念引入全球品牌化领域,通过理论推演和实证检验,建立起全球品牌资产、品牌真实性和品牌购买可能性三者的结构关系。具体地,将感知质量和全球神话作为全球品牌资产的表征,发现两者分别对品牌真实性下的四个维度存在显著的正向促进作用,包括可信(H1a、H2a)、象征(H1b、H2b)、持续(H1c、H2c)和正直(H1d、H2d)。同时,可信(H3a)和象征(H3b)对品牌购买可能性存在显著的正向作用,持续(H3c)的提升作用则达到边缘显著水平。最后,针对本土消费者,我们进一步考量了品牌来源国(本土 vs. 外国)对上述关系的调节作用,发现感知质量对品牌购买可能性的总效应在本土全球品牌上均体现得更高(H4a)。特别地,尽管对于不同来源国的全球品牌,感知质量和全球神话对四个维度的品牌真实性均存在积极影响,但对于本土全球品牌,可信和持续能够显著提升品牌购买可能性,正直发挥边缘显著水平的作用;而对于外国全球品牌,仅可信和象征显著改善品牌购买可能性,且后者属于边缘显著水平。

二、理论贡献

首先,本章在探究具体的全球品牌资产维度对品牌购买可能性发生作用的内在机制方面进行了一些创新尝试。先前研究大多以感知品牌全球性和感知品牌本土性为先行变量,比较这两种概念性因素如何通过全球品牌资产(如感知质量和社会声望)影响消费者购买意愿(Özsomer,2012;Xie等,2015)。但一个重要且尚未被涉及的问题是:不同的全球品牌资产对消费者行为意愿产生影响的过程是怎样的? 我们的研究尝试性地通过引入品牌真实性的概念,区分了不同的全球品牌资产维度对品牌购买意愿产生影响的路径机制。特别地,我们重点考查了全球神话这一特殊的全球品牌资产维度。事实上,除了 Strizhakova 等(2008,2011)曾基于消费者角度进行定义的"全球公民信念"展开的两项研究外,真正将全球神话作为品牌特征而进行的研究数量很少。在具体测量时,学者们甚至可能会混淆感知品牌全球性与全球神话的概念(Steenkamp 等,2003)。因此,本章为进一步探索全球品牌资产的效应机制,特别是深入理解全球神话这一全球品牌资产,开辟了新的理论视角。

其次,本章构建了全球品牌资产与品牌真实性之间的路径关系。一方面,全球品牌化战略是品牌发展的高级阶段,其主要话题之一便在于如何创建全球品牌资产(何佳讯,2013)。另一方面,品牌真实性是品牌本源性的价值源泉,消费者总是积极寻找那些与自己更加相关、更加纯粹、更加本真的品牌(Brown 等,2003;Beverland,2005)。但目前尚未探讨的是:这两种对于品牌价值创造极其重要的构念,是如何发生相互作用的? 我们的研究将全球品牌资产(感知质量和全球神话)作为先行线索,证实了两者与品牌真实性下的四个维度之间均存在正向促进关系。一方面,这些结论不仅扩展了影响品牌真实性的前因,丰富了我们对这一新兴概念的理解,同时为我们从理论上理解全球品牌资产的价值打开了又一思路,即全球品牌化这一高级阶段的品牌战略势必更有助于品牌保持其本真特性。另一方面,从定量角度辨明且证实了近期营销领域中一些质性研究关于品牌真实性内涵界定以及真实性感知形成机理的合理性(Beverland,2005;Beverland 和Farelley,2010),即对品牌真实性的感知确实不限定于个别线索,品牌真实性下的各维度本身均同时包含了客观真实、建构真实和存在真实三种不同的内涵。

最后,本章将品牌来源国(本土 vs. 外国)作为调节变量引入对具体维度的全球品牌资产效应机制的探讨中。Strizhakova 等(2011)、Swoboda 等

(2012)及 Riefler(2012)都曾经对该调节变量进行考察,但并没有就本章的主题展开实质性探讨。我们的数据结果则表明,相对于外国全球品牌,感知质量的总效应在本土全球品牌上表现得更明显。同时,尽管理论上品牌真实性的四个维度都应该显著积极地影响品牌购买意愿(Morhart 等,2015),但是本章的数据表明,具体到不同来源国的全球品牌上,可信、持续和正直是显著提升本土全球品牌购买可能性的维度,而在外国全球品牌上则体现为可信和象征。一方面,这些结论从一定程度上对品牌来源国和全球品牌化领域的文献有所丰富,说明在探讨全球品牌资产效应时,应该重视品牌来源国(本土 vs. 外国)可能发挥的调节作用。另一方面,也暗示与品牌真实性前因后果相关的效应机制可能受到与产品或品牌相关的外围线索(extrinsic cues)的影响。而关于这一点,现有理论尚未展开探讨。

三、实践意义

首先,品牌真实性是全球品牌赢得消费者购买意愿快速有效的办法。企业应该意识到,全球品牌的一些特性有助于企业在消费者心智资源中构建真实,进而加强其购买意愿。对于试图在母国之外的其他国家开展业务的全球品牌而言,东道国市场上的消费者并不一定了解或熟识这些品牌。对于刚刚起步的新兴市场全球品牌而言亦是如此。这时,通过有效管理自身的全球品牌资产而在消费者心中建立品牌真实性的做法,能够在较短时间内促使消费者将这些原本陌生的全球品牌纳入考虑集。具体而言,加强对自身品牌(产品)的质量控制、在营销沟通过程中实施全球消费者文化定位的品牌战略、向消费者传达品牌产品的卓越性能等措施,都是极为有效的做法。

其次,同种类型的全球品牌资产,可以被企业塑造成不同的品牌真实性内容。因此,营销人员应该意识到,全球品牌不一定对每种类型的全球品牌资产兼而有之才能同时构建在不同方面的品牌真实性,关键在于在传播沟通过程中如何建立具体全球品牌资产维度和具体品牌真实性维度之间的关联。例如,如果品牌产品的质量高超,营销经理们可向消费者传达"品质保证,卓越之选"的信息,将选择高质产品与个体成就感联系起来,同样可以提升消费者对于品牌在象征维度的真实性评价。又如,如果全球品牌在可信维度上的表现不佳，但产品质量与竞争对手相比又没有明显优势，则可以向消费者传递"千万人之选，全球认可"的信息，将全球消费者对该品牌的广泛接受转化成在品牌信任方面的优势。

再次，营销人员可以根据品牌来源国的不同而分别加强管理相应维度的全球品牌资产，进而有效提升中国消费者的购买意愿。虽然当中国消费者对全球品牌资产进行评价时，外国全球品牌在感知质量（$M_{外国}=6.03$，$M_{本土}=5.28$，$p<0.001$）和全球神话（$M_{外国}=3.73$，$M_{本土}=3.27$，$p<0.05$）上的均值得分均显著高于本土全球品牌，但这并不意味着本土全球品牌在中国市场上完全处于劣势地位。对于新兴的本土全球品牌，感知质量是更能正向影响中国消费者购买意愿的全球品牌资产。因此，如果中国的全球品牌希望得到本国消费者的青睐，应该着重加强对产品质量或性能的提升，或是在营销沟通中加强对产品质量及性能方面的宣传和介绍。

最后，营销人员应该明确，对于不同来源国的全球品牌，能够提升本土消费者品牌购买意愿的品牌真实性维度是有所区别的。但这又不同于不区分来源国的整体情况。因此，在塑造全球品牌真实性的过程中，应该针对这一特性实施不同策略，对相关资源进行更加有效的配置。具体到不同来源国的品牌，一方面，应该强调本土全球品牌在可信、持续和正直方面的优势，即聚焦于其真诚可信、超越时间、承担责任、关怀客户等内涵。另一方面，应该特别培育外国全球品牌在可信和象征方面的真实性，将其塑造成不仅是可以信赖的诚意选择，还能够帮助消费者向外界进行"我是谁"的个性化表达。同时，应该始终明确，对于全球品牌整体而言，可信、象征和持续是需要加以关注和塑造的重要真实性维度。

四、局限性和未来研究方向

本章的研究尚存在一些不足。首先，调查对象趋于同质化。未来需要收集更富异质化的数据，以扩大研究结论的外部效度。其次，由于中国品牌的全球化进程仍处于起步阶段，满足全球化标准的中国品牌集中于家电、手机、个人电脑等耐用消费品领域。本章结论是否适用于其他品类，还有待进一步验证。最后，未来研究可将调查对象扩大到其他国家，以进一步增强研究结论的外部效度。

　　未来研究还可以从以下几个方面展开探讨。第一，探索本章未涉及的其他全球品牌资产维度（如社会声望、社会责任）与品牌真实性各维度的关系。第二，比较中国大品牌的全球品牌资产联想在不同市场（新兴市场 vs. 发达市场、母国市场 vs. 东道国市场）上是否存在评价机制的差异。第三，进一步确认情境因素或外围线索（如品牌来源国）及消费者特征变量（如个体价值观）如何对品牌真实性的效应机制发挥调节作用，包括对不同维度品牌真实性的激活及品牌真实性具体维度对结果变量影响的两个过程阶段。

第四章
塑造文化融合度提升本土化战略效果

全球品牌进入新兴市场的另一重要战略在于进行本土化,在中国市场上则普遍表现为在延伸产品中加入中国元素。近年来,这些产品也确实取得了一定的市场成功,如体现激情时尚、青春张扬等全球文化特性的Swatch邀请艺术家主打设计的"中国风"系列腕表等。现有文献对此的共同解释是,品牌由此可以塑造感知品牌本土性(perceived brand localness),进而激发消费者关于本土文化或本土社区的优势联想(Holt等,2004;Dimofte等,2008)。然而一个不争的事实是,仍有大批中国元素产品得到的是消费者负面评价。例如,耐克为庆祝中国农历新年而推出的设计师款运动鞋就引发了广泛的争议和批评。该款运动鞋除去白底红纹等标志性的本土文化配色,两只鞋跟上各绣有"发"和"福"两个配字,两字形成词组"发福"的语义内涵与耐克本身倡导的"运动""健康"等理念产生了鲜明的对比和反差,本应是美好新年祝愿,却瞬间让消费者感到"恶意满满"。因此,中国元素延伸产品作为全球品牌的本土化战略之一,似乎并不是总能获取市场成功。

跨文化心理学的某些发现可以对上述市场现实予以解释。根据动态文化建构理论(dynamic constructivist theory of culture),当面临暴露于同一物理空间的两种文化标志时,认知者往往将其注意力集中于能够区分这两种文化的刻板印象特征上,感知到两种文化的差异及其边界存在距离,进而表现出各种排斥性反应,即"双文化暴露效应(bicultural exposure effect)"(Chiu等,2007,2009,2011;Gelfand等,2011)。全球品牌大多数来自国外,其文化传统异于本土,其整体也代表着外来的全球消费文化(global consumer cultural)(Levitt,1983;何佳讯,2013)。因此,全球品牌和中国元素反映的是彼此相对的文化概念。进一步可推论的是,全球品牌的中国元素延伸产品向消费者构建了一种全新的双文化暴露情境，并在理论上形成亟待解决的悖论：一方面，全球本土化战略的目标是获取本土象征价值，进而直接提升品牌购买可能性（Swoboda 等，2012；Steenkamp 等，2013），加入中国元素是直接且普遍的措施（何佳讯等，2014）。另一方面，全球品牌在延伸产品中添加中国元素无疑将自身置于双文化暴露情境之中，反而会引发消极反应（Chiu 等，2007，2009，2011；Gelfand 等，2011）。

因此，本章的核心研究问题是：基于全球品牌在延伸产品中运用中国元素的情境，是否存在某种理论先决条件，能够妥善地解决全球品牌中国元素延伸产品战略和双文化暴露效应所呈现的悖论？对此，本章拟从文化视角系统地构建一项整合性机制研究。具体地，我们提出，对于全球品牌的中国元素延伸产品，提升中国元素文化内涵与全球消费文化概念的"文化融合度"，是改善消费者态度的前提。同时，由于品牌在进行延伸决策中的最重要任务是保存品牌的文化、符号及象征价值（Spiggle 等，2012），与文化融合度的潜在目标一致，因此，基于文化合法性而建构的消费者感知品牌延伸真实性（perceived brand extension authenticity）是其中的解释机制。最后，我们还希望探索上述机制在持有不同全球—本土文化内隐观（lay theory of global and local cultures）的消费者中的差异化表现。

第一节　文献回顾和研究假设

一、中国元素

全球品牌在进行跨国销售和管理时，需要考量的重要问题是：如何在保持标准化的同时，兼顾不同国家的本土消费文化（何佳讯等，2014）。体现在中国市场上，在延伸产品中融入中国元素正是实施全球本土化战略的普遍手段之一（黄海洋和何佳讯，2017）。具体地，在本章中，中国元素是指源于中国文化传统，或在中国现代社会发展中产生的与中国文化紧密联系的符号、精神内涵或实物；它们为大多数中国人所认同，消费者能够通过它们联想到中国文化而非其他国家的文化（何佳讯等，2014）。该定义表明，全球品牌所运用的中国元素可以体现在实物层面，如产品的研发和设计等。与此同时,全球品牌使用中国元素进行本土化战略,不同于一般本土化战略,更侧重于通过文化内涵向消费者传递本土性信息。例如,肯德基为适应本土消费者需求,分别推出"嫩牛五方"和"皮蛋瘦肉粥"。前者与中国文化的联系并不紧密,而后者则是广东经典美食,通过中国元素反映了本土文化内涵。

目前,关于全球品牌运用中国元素的研究已经累积了一些成果。例如,全球品牌所使用的中国元素符合消费者关于其固有认知的程度(即"刻板印象一致性")通过提升品牌本土象征性而提升产品购买可能性,且该效应过程在高本土认同消费者中更明显(何佳讯等,2014)。在此基础上,其他研究还尝试探究不同消费者特征如何影响关于全球品牌中国元素产品的评价,包括文化认同、真实性偏好等(黄海洋和何佳讯,2017;黄海洋等,2019)。此外,这些研究还以全球品牌中国元素产品为研究对象,致力于发掘品牌本土象征性影响产品购买可能性的内在解释机制,如国家传统意义、信息处理流畅性等(黄海洋等,2019;黄海洋和何佳讯,2021)。

二、双文化暴露效应和文化融合度

根据动态文化建构理论(dynamic constructivist theory of culture),当面对同一物理空间的两种文化标志时,认知者往往将注意力集中于那些能够区分这两种文化的刻板印象特征上,因而强化了他们关于两种文化差异的感知,即"双文化暴露效应(bicultural exposure effect)"(Chiu等,2007,2009,2011;Gelfand等,2011)。在营销领域,已有研究开始关注双文化暴露效应对消费者的影响。例如,相较于具有美国品牌名称的牛仔裤或具有中国品牌名称的微波炉,具有中国品牌名称(即中国文化)的牛仔裤(即美国文化)提供了双文化暴露的情境。美国消费者更倾向于在评价后者时表现出关于两种文化的感知差异和感知冲突(Torelli等,2011)。研究表明,彼此迥异的文化会带来信息处理过程的不流畅性,从而引发认知者的负面心理反应(Torelli和Ahluwalia,2012;Torelli等,2012)。

类似地,全球品牌中国元素产品同时呈现了两种不同的文化意涵。一方面,全球品牌本身蕴含着全球消费者文化(global consumer culture)的内涵,反映了全球消费者都能够共享并理解的符号、形象及元素(Levitt,1983;Torelli等,2012;何佳讯,2013)。另一方面,中国元素体现的则是本土文化。已有研究对同一产品中呈现两种不同文化的形式展开了分类界定，涵盖统摄、移接、转化、叠合、协同等类型，从低到高地反映了融合程度的不同水平（郭晓凌等，2022）。此外，文化心理学领域中的双文化认同整合（bicultural identity integration）旨在从文化认同的角度衡量个体对两种文化的整合程度（Benet-Martinez 等，2002）。基于以上观点，本章提出"文化融合度"的概念，将其界定为"在全球品牌中国元素产品中，消费者感知到的全球消费者文化和中国文化的彼此兼容和充分协调程度"。

进一步地，信息处理流畅性体现的是个体在理解事物时，进行信息加工的速度和需要付出的精力（黄海洋等，2019）。根据信息处理流畅性理论，当特定对象上凸显的不同概念之间存在意义关联时，消费者对这些概念的信息处理会更加简单流畅，因而会给予该对象更为积极的评价（Shapiro 等，1997；Avnet 和 Higgins，2003）。例如，当具有文化典型性的品牌推出延伸产品时，如果消费者能够感知到该延伸产品所蕴含的文化图式与母品牌相匹配，则会产生更加流畅的信息处理体验，最终倾向于给予品牌延伸产品更为积极的态度评价并形成更强的购买意愿（Torelli 和 Ahluwalia，2012）。将这些发现进一步拓展到对全球品牌中国元素产品的感知与评价上，品牌所体现的全球消费者文化内涵和被选择的中国元素象征意涵的融合程度越高，则意味着两者在概念意义上的关联度越强，那么消费者在评价延伸产品时进行的信息处理过程就会更加轻松流畅，产生相当愉悦的加工体验，并最终表现出更高的购买可能性。因此，本书提出以下假设。

H1：在全球品牌的中国元素产品中，文化融合度正向影响消费者的产品购买可能性。

三、感知品牌延伸真实性、相似性和相关性

全球品牌中国元素产品可以被视作全球品牌推出的延伸产品。真实性、相似性和相关性是评价品牌延伸的重要因素（Spiggle 等，2012）。品牌延伸真实性（brand extension authenticity）是指延伸产品保留了母品牌原有文化含义的程度，包含保持品牌风格和标准、尊重品牌遗产、保留品牌精髓和避免品牌滥用四个具体维度。因此，与相似性和相关性相比，品牌延伸真实性能够更为精准地衡量延伸产品在文化内涵上与母品牌保持一致的程度

（郭晓凌等，2019）。事实上，以往研究已经验证了品牌延伸真实性对消费者品牌态度和购买意愿的重要作用。例如，当消费者评价延伸产品时，品牌延伸真实性是比相似性和相关性更有解释效力的预测指标，能够显著提升消费者关于延伸产品的购买意愿、口碑推荐意愿和情感性品牌依恋（Spiggle等，2012）。又如，当弱势品牌并购强势品牌后，消费者感知到的强势品牌的真实性会下降，最终导致消费者的品牌购买意愿降低（姚鹏和王新新，2014）。

在双文化暴露情境中，同一物理环境中的两种不相似文化将消费者的注意力集中至区分这两种文化的典型特征及其不相融的边界中（Chiu等，2007，2009，2011；Gelfand等，2011）。引申到本章的研究情境，全球消费者文化和中国文化共存的意义性成为消费者评估全球品牌中国元素产品的重点。高文化融合度意味着延伸产品中的中国元素和全球品牌所体现的全球消费者文化在象征意涵上是相匹配的。换言之，具有高文化融合度的延伸产品很好地延续了母品牌固有的风格标准和精髓，能让消费者体会到品牌坚守并延续了其核心且本质的文化概念特点，也即向消费者传递了较强的品牌延伸真实性。相反地，如果品牌推出的全球品牌中国元素产品所呈现的文化融合程度较低，消费者会感到该品牌没有很好地基于其固有文化内涵而选择、设计并呈现特定的中国元素，两者所蕴含的文化意涵甚至会彼此冲突，让消费者感知到该延伸产品在文化内涵上并没有与母品牌保持一致，也即产生了较低的品牌延伸真实性。因此，本章提出以下假设。

H2：在全球品牌中国元素产品中，文化融合度正向影响消费者的感知品牌延伸真实性。

进一步地，以往研究表明，关于产品和品牌的线索不直接对消费者的评价和行为产生影响，而是通过消费者的主观内化形成的真实性感知而发挥作用（Aaker，1996；Grayson和Martinec，2004；Rose和Wood，2005；Beverland和Farrelly，2010），进而提升消费者的评价与态度（姚鹏和王新新，2014；Sundar和Noseworthy，2016）。结合前文，在评价全球品牌中国元素产品时，文化融合度是品牌延伸真实性的前置因素，能够直接影响消费者的感知品牌延伸真实性，而后者又能对消费者关于产品的态度评价和购买意向产生直接影响。换言之，感知品牌延伸真实性在文化融合度影响产品购买可能性的过程中发挥中介作用。因此，本章提出以下假设。

H3：在全球品牌中国元素产品中，感知品牌延伸真实性在文化融合度和产品购买可能性中发挥中介作用。

与此同时，与品牌延伸真实性不同的是，相似性和相关性则是从认知范畴对延伸产品进行评价，与文化、关系和情境无关（郭晓凌等，2022）。具体地，关于相似性的评估主要基于对母品牌所在品类和延伸产品所属品类之间在物理属性上的客观比较，包括两者之间的共同特征、可替代性或互补性。相关性则体现的是母品牌和延伸产品在利益联想或品牌概念上的关联程度（Spiggle 等，2012）。因此，高文化融合度意味着延伸产品在整体上仍承载着母品牌的具体特征、积极联想和品牌概念，能够引发消费者较强的相似性和相关性感知，同样对消费者关于延伸产品的购买可能性具有积极的影响作用。然而，当消费者评价全球品牌中国元素产品时，文化是其组织自身感知和评价的突出心智类别（Chiu 等，2007，2009，2011；Gelfand 等，2011）。因此，与基于客观特征属性而形成的相似性和相关性感知相比，消费者品牌延伸真实性感知的形成更多体现的是对品牌固有文化内涵的评估，在上述关系中发挥的解释程度应该更高。因此，本章提出以下假设。

H4：与相似性和相关性相比，感知品牌延伸真实性在文化融合度和产品购买可能性中发挥的中介效应更强。

四、消费者全球—本土文化内隐观

双文化认同整合（bicultural identity integration，BII）是指双文化者（如韩裔美国人）如何组织对两种文化的认同，即将主流文化和少数族群文化视为相容或冲突的程度（Benet-Martinez 等，2002）。双文化认同整合调节个体的文化框架转换（cultural frame-switching）过程。具体地，当向双文化者呈现其文化背景中的任一外部线索时，BII 得分高的被试会呈现同化效应，即表现出与被呈现线索文化属性一致的个性、行为或思维模式；而 BII 得分低的被试则会呈现对比效应，即表现出与被呈现线索文化属性相反的个性、行为或思维方式（Benet-Martinez 等，2002）。

Zhang 和 Hong（2012）进一步将该概念引入全球化心理学中，认为绝大部分消费者在发展全球认同的同时还保持着本土认同，同样面临双文化认同整合的问题，因而提出了"消费者全球—本土文化内隐观"的全新构念，用于衡量消费者认为全球文化和本土文化是相容或冲突的程度。消费者全球—本土文化内隐观在消费者评价全球品牌的过程中发挥调节作用。例如,发达国家消费者在评价新兴全球品牌时,全球认同发挥正向促进作用。然而,该效应受到消费者全球—本土文化内隐观的调节。当消费者认为全球文化和本土文化是相互包容的关系时,全球认同效应仍然保持;而当消费者认为两者彼此冲突时,全球认同效应消失(郭晓凌等,2014)。

　　全球品牌中国元素延伸产品本质上仍属于双文化暴露情境。在考量文化融合度对产品购买可能性的影响关系时,消费者全球—本土文化内隐观决定了消费者进行文化框架转换的便易程度。具体地,认为全球文化和本土文化彼此相容的消费者会更倾向于合理化全球文化和本土文化同置于特定产品的举措,也会更容易地从高文化融合度的信息线索上推断中国元素延伸产品在文化上与母品牌保持了一致性,也更有可能感知到品牌延伸真实性。相对应地,认为两种文化彼此冲突的消费者主观本能地抗拒抵触两种文化的融合。高文化融合度会被其视作企业别有目的地使中国元素附会于母品牌,而不是将品牌的文化意义合理转移至延伸产品上。据此,本章提出以下假设。

　　H5:消费者全球—本土文化的内隐观在文化融合度与感知品牌延伸真实性之间发挥负向调节作用。消费者越倾向于认为全球文化和本土文化之间是冲突的,文化融合度对感知品牌延伸真实性的影响作用越弱。

　　综上所述,本章的概念模型如图4-1所示。

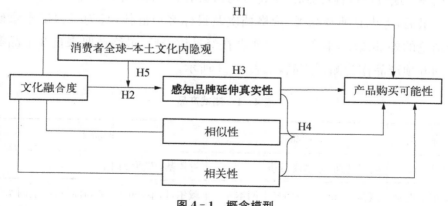

图 4 - 1　概念模型

第二节 研 究 设 计

一、测试产品选择

本书参照何佳讯等（2014）的筛选过程，通过三个步骤确定测试产品。首先，按照近年来业界著名的品牌排行榜（如 Interbrand 最有价值全球品牌排名、BrandZ 全球品牌百强排行榜等），确定待研究全球品牌的初始范围。然后，基于品牌官方网站浏览产品目录，或以"品牌名称＋中国元素"为关键词进行搜索，筛选出近年来由全球品牌推出的中国元素产品，共 45 款，分布于 15 个品类。

其次，通过前测排除产品中的中国元素无法被消费者明显或准确感知到的素材。以问卷调查形式进行，共分两次执行。样本分别为南京某重点高校本科生（$N=42$，男性占 52.4%）和上海某重点高校的 MBA 学生（$N=48$，男性占 58.3%），有效问卷率分别为 95.2% 和 97.9%。在调查过程中，被试对每一项全球品牌中国元素产品进行三个方面的评价，即该产品是否含有中国元素、所涉及中国元素究竟是什么及该中国元素体现的明显程度。其中，第一、第三题采取语义差别量表进行测量（$-3=$"产品中不含中国元素"/"产品体现的中国元素非常不明显"，3 则代表"产品中含有中国元素"/"产品体现的中国元素非常明显"）。第二题则为开放题，核对标准是品牌官网或微博提供的产品描述。通过该过程，剔除三项得分均为负值的产品，留下 15 款产品。

最后，考虑到所在品类、价格档次及目标客户群体，且为了保证本章研究结论的外部效度，本章的主要作者在经过讨论后，最终选取来自 3 个品类下的 6 项产品作为测试产品，如表 4-1 所示。

表 4-1 测试产品

品　类	产品 1	产品 2
食品	哈根达斯，冰激凌月饼	肯德基，皮蛋瘦肉粥
笔记本电脑	惠普，mini VT"牡丹"上网本	戴尔，Inspiron 1320"鱼漾纹饰"上网本

续　表

品　类	产品 1	产品 2
运动服饰	耐克，Air Jordan 2012 "九龙壁" 运动鞋	阿迪达斯，Neo Label "龙腾图案" 运动卫衣

二、问卷设计

针对 3 个品类下的 6 个品牌产品，分别设计 6 个版本的问卷。除产品描述外，各版本问卷的其余部分均无差异。问卷由三部分内容组成。第一部分是产品图片及其文字介绍，均取自品牌官网。第二部分是测量项目的编制，其中涉及引用或改编已有量表的部分，均采取了回译（back-translation）方式处理。第三部分则收集年龄、性别、婚姻状况、家庭月收入等人口统计学变量信息。各核心构念的文献来源、信度及主要测项如表 4－2 所示。同时，参照何佳讯（2014）等的研究，我们将感知质量、品牌声望、品牌熟悉度、品牌使用经验及产品涉入度等作为控制变量，同样予以测量。

表 4－2　主要构念测量

构　念	来　源	Cronbach's α	测项数量	代表性测项
文化融合度	郭晓凌等（2022）	0.84	3	我认为（产品名称）上的（中国元素）与这个品牌完全不协调/完全协调一致。
感知品牌延伸真实性	Spiggle 等（2012）	0.90	12	（产品）反映了（品牌）的一贯风格。 （产品）没有继承（品牌）的传统。 （产品）保留了（品牌）对我的意义 通过（产品），可以看出（品牌）更在意保护其品牌而非扩张市场。
产品购买可能性	Steenkamp 等（2003）	0.91	2	我非常有可能/一点也不可能购买（产品）。
相似性	Spiggle 等（2012）	0.79	3	（产品）与（品牌）的其他产品相匹配。

续　表

构　念	来　源	Cronbach's α	测项数量	代表性测项
相关性	Spiggle 等(2012)	0.61	3	我认为(品牌)具备的特征与(产品)的所在品类是相关的。
消费者全球—本土文化内隐观	郭晓凌等(2014)	0.83	4	全球文化将导致本土文化的消亡。

三、调查样本及数据收集

我们采取在线问卷调查的方式展开研究。首先在网络问卷平台设计 6 个版本的问卷，再由研究助理和本章作者通过私人关系进行接触扩散，将任一 URL 链接随机分配给被试。被试主要为居住在上海市的普通消费者。

本次在线调查共回收 297 份问卷，剔除存在答题不认真、错漏项等问题的问卷后，最终保留的有效问卷为 226 份，有效率达 76.1%。其中，男性占 52.2%，女性占 47.8%；被试的年龄范围在 18～60 岁之间，平均年龄为 31.4 岁；未婚/单身者占 48.2%，已婚者占 51.8%；家庭月收入在万元以上的达 51.3%。每个品牌产品的问卷数量为 28～45 份不等，平均为 38 份。

第三节　数　据　分　析

一、共同方法偏差检验

参照 Podsakoff(2003)等总结的共同方法偏差控制方法，我们从问卷设计和数据分析两个方面控制或检验共同方法偏差。一方面，在问卷发放过程中保证被试匿名填写问卷，并在指导语中说明各题项并不存在正确答案，鼓励被试按其真实想法回答问题，以降低社会期望偏差或评价顾忌。在测量方式上，交替采用 7 点 Likert 量表(1 分代表"完全不同意"，7 分代表"完全同意")和语义差别量表(—3 到 3 的等级评分)等不同手段施测。

本研究采用 Harman 单因素对所有被测试研究变量进行探索性因子分

析,检验其共同方法偏差,考察其是否存在数据的绝大部分方差被一个因子解释的情况。根据因子分析结果,首因子解释的总方差为 41.07%,未超过 50%,表明数据不存在严重的共同方法偏差。

二、信效度检验

本章采用 AMOS 26.0 软件进行验证性因子分析,将需重点考核的 6 个因子设置为潜变量,以其对应测项作观测变量,检验模型与数据的拟合程度。总体来看,模型的拟合优度为 $\chi^2/df=2.032$,GFI=0.90,IFI=0.95,CFI=0.95,RMSEA=0.068。具体地,各测项与对应潜变量的标准化路径系数均达到显著水平($p<0.001$),且绝大多数系数高于 0.50,表明预设模型的结构效度较好。各因子的组合信度值均不低于 0.60,说明模型的收敛效度良好。各因子的 AVE 值及两两间相关系数如表 4-3 所示,各构念的 AVE 值均高于其他构念两两之间的相关系数平方值,说明构念之间的区分效度良好。

表 4-3 均值、标准差和相关系数

构 念	1	2	3	4	5	6
1. 文化融合度	0.66	0.45	0.29	0.24	0.30	0.00
2. 感知品牌延伸真实性	0.67**	0.61	0.26	0.31	0.35	0.02
3. 产品购买可能性	0.54**	0.51**	0.84	0.21	0.22	0.00
4. 相似性	0.49**	0.55**	0.46**	0.47	0.32	0.00
5. 相关性	0.55**	0.59**	0.47**	0.57**	0.57	0.01
6. 消费者全球—本土文化内隐观	−0.06	0.45	0.29	0.23	0.30	0.52
M	4.53	3.87	3.54	4.17	4.30	3.097
SD	1.50	1.45	1.80	1.44	1.42	1.46

注: * 表示 $p<0.05$, ** 表示 $p<0.01$, *** 表示 $p<0.001$。其中,表中对角线上是各构念的 AVE 值,对角线下方为构念间相关系数,对角线上方为与之对应的相关系数平方值。

三、假设检验

(一) 主效应

本书采用层次回归分析法检验文化融合度分别对产品购买可能性和感知品牌延伸真实性的直接作用,结果如表 4-4 所示。将性别、年龄、婚姻状况、收入、感知质量、品牌熟悉度、品牌声望、先验知识、产品涉入度作为控制变量,首先构建仅包含控制变量对产品购买可能性的回归方程(模型 1),发现绝大多数变量对因变量的关系均不显著。在此基础上加入文化融合度,重新构建回归方程(模型 2),发现文化融合度与产品购买可能性显著正相关($\beta = 0.51$, $p < 0.001$),H1 得到支持。随后,本章以感知品牌延伸真实性为因变量构建回归方程。模型 3 中包含所有的控制变量,仍然发现除感知质量外,其余变量对感知品牌延伸真实性的影响均未达到显著水平。模型 4 加入文化融合度,发现该变量对感知品牌延伸真实性发挥显著的正向影响($\beta = 0.72$, $p < 0.001$),H2 得到支持。

表 4-4　感知品牌延伸真实性在文化融合度和产品购买可能性关系中的中介效应

	产品购买可能性		感知品牌延伸真实性		产品购买可能性	
	模型 1	模型 2	模型 3	模型 4	模型 5	模型 6
控制变量						
性别	0.16	0.12*	0.09	0.05	0.16*	0.10
年龄	0.16*	0.14	0.07	0.04	0.16	0.12
婚姻状况	0.08	0.11	0.03	0.07	0.08	0.08
收入	−0.02	−0.05	0.03	−0.01	−0.02	−0.05
感知质量	0.10	0.01	0.25**	0.12*	0.10	−0.06
品牌熟悉度	0.05	0.00	−0.03	−0.10	0.05	0.06
品牌声望	0.08	0.04	0.02	−0.03	0.08	0.06
先备经验	0.02	0.03	0.06	0.08	0.017	−0.01

续　表

	产品购买可能性		感知品牌延伸真实性		产品购买可能性	
	模型 1	模型 2	模型 3	模型 4	模型 5	模型 6
产品涉入度	−0.14	−0.00	−0.12	0.08	−0.14*	−0.04
自变量：						
文化融合度		0.51***		0.72***		0.13†
中介变量：						
感知品牌延伸真实性						0.53***
调整后 R^2	0.06	0.29	0.07	0.51	0.06	0.42
ΔR^2	0.10	0.22	0.11	0.43	0.10	0.34
F 值	2.83	10.61	2.71	23.61	2.62	15.00

注：†表示 $p<0.10$，*表示 $p<0.05$，**表示 $p<0.01$，***表示 $p<0.001$。其中，性别（0＝男，1＝女）和婚姻状况（0＝已婚，1＝未婚/单身）在被转换成虚拟变量后纳入分析。

（二）中介效应

本章按照 Baron 和 Kenny（1986）的三步层次回归法检验前文提出的中介假设。首先确认自变量与中介变量之间是否存在显著关系，然后确认自变量与因变量之间是否存在显著关系，最后考查自变量和中介变量对因变量的同时影响，检验自变量对因变量的影响效应大小与第一步相比是否有所减弱或消失，从而确定中介效应是否存在。对感知品牌延伸真实性中介效应的检验步骤如表 4-4 所示。前文关于主效应的检验结果已经表明，文化融合度对感知品牌延伸真实性（$\beta=0.72$，$p<0.001$，模型 4）和产品购买可能性（$\beta=0.51$，$p<0.001$，模型 2）均存在显著的正向影响。随后，将文化融合度和感知品牌延伸真实性同时纳入对产品购买可能性的回归模型，发现文化融合度对产品购买可能性的正向影响未能达到统计学意义上的显著水平（$\beta=0.13$，n. s.①，模型 6），而感知品牌延伸真实性仍具有显著正向

①　n. s. ＝no significance，表示在统计意义无差别。

影响($\beta=0.53$，$p<0.001$，模型 6)，H3 得到支持①。

进一步地，为了比较感知品牌延伸真实性、相似性和相关性在文化融合度与产品购买可能性中所发挥的中介作用，本书参照 Hayes(2013)提出的 bootstrap 方法进行多个并列中介变量情况下的中介效应检验。样本抽取量为 5 000，设置 95% 的置信区间。数据结果表明，感知品牌延伸真实性(LLCI=0.085 9，ULCI=0.356 0)发挥了显著的中介作用，效应值大小为 0.218 5；相似性(LLCI=0.070 4，ULCI=0.227 3)发挥了显著的中介作用，效应值大小为 0.162 9；相关性(LLCI=0.072 9，ULCI=0.269 3)发挥了显著的中介作用，效应值大小为 0.168 5。感知品牌延伸真实性的效应值高于相似性和相关性的效应值，说明感知品牌延伸真实性发挥更强的中介作用，H4 得到支持。

（三）调节效应

按照前文假设，消费者全球—本土文化内隐观对文化融合度与感知品牌延伸真实性的直接效应发挥调节作用。为了更好地表现不同变量在各个阶段的调节效应，本书统一采用 Edwards 和 Lambert(2007)等提出的"直接效应和第一阶段调节模型"进行检验。在进行路径分析之前，先将自变量和调节变量进行中心化处理(Aiken 和 West，1991)，再将其相乘得到最终的交互效应项纳入回归方程，并对其他所有控制变量进行控制。由于所有预测变量的方差膨胀因子(VIF)均不高于 2.5，说明多重共线性的问题并不存在。

将消费者全球—本土文化内隐观、文化融合度以及两者的交互作用分别纳入对品牌延伸真实性和对产品购买可能性的回归方程，展开数据分析。如表 4-5 所示，文化融合度和消费者全球—本土文化内隐观的交互项对感知品牌延伸真实性的影响系数为 0.05(n. s.，模型 1)，说明文化冲突内隐观在第一阶段并不产生调节作用。另外，文化融合度和消费者全球—本土文化内隐观对感知品牌延伸真实性的影响系数分别是 0.71($p<0.001$)和 0.05(n. s.)。H5 未得到支持。

---

① 出于稳健性考虑，本书使用 bootstrap 的方法对感知品牌延伸真实性的中介作用进行检验，得到一致结果。

表 4-5 消费者全球—本土文化内隐观的调节效应

	感知品牌延伸真实性	产品购买可能性
	模型 1	模型 2
控制变量:		
性别	0.05	0.11
年龄	0.03	0.12
婚姻状况	0.07	0.08
收入	0.00	−0.05
感知质量	0.13*	−0.06
品牌熟悉度	−0.10	0.06
品牌声望	−0.03	0.06
购买经验	0.08	−0.01
产品涉入度	0.08	−0.03
自变量:		
文化融合度	0.71***	0.12
中介变量:		
感知品牌延伸真实性		0.52***
调节变量:		
文化内隐观	0.05	0.03
交互项:		
文化融合度×消费者全球—本土文化内隐观	−0.03	−0.11*
调整后 R^2	0.51	0.42
R^2	0.54	0.46
F 值	19.70	13.18

注:* 表示 $p < 0.05$,** 表示 $p < 0.01$,*** 表示 $p < 0.001$。其中,性别(0=男,1=女)和婚姻状况(0=已婚,1=未婚/单身)在被转换成虚拟变量后纳入分析。

　　表4-5中模型2的结果则显示,文化融合度和消费者全球—本土文化内隐观的交互项对产品购买可能性的影响系数为-0.11($p<0.05$),说明消费者全球—本土文化内隐观在文化融合度和产品购买可能性的直接影响中发挥显著的负向调节作用。同时,文化融合度、感知品牌延伸真实性和消费者全球—本土文化内隐观对产品购买可能性的直接影响系数分别为0.12(n.s.)、0.52($p<0.001$)和0.03(n.s.)[①]。

　　为进一步表明消费者全球—本土文化内隐观对文化融合度影响产品购买可能性路径的调节作用,我们进行了 spotlight 分析,分别以高于均值一个标准差和低于均值一个标准差为基准对文化融合度和消费者全球—本土文化内隐观进行高低划分,如图4-2所示。与先前的理论分析一致,文化融合度对产品购买可能性的提升作用,在持有低文化冲突内隐观的消费者中体现得更强,而在持有高文化冲突内隐观的消费者中则受到抑制。

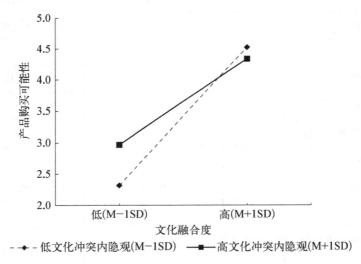

图4-2　文化融合度和消费者全球—本土文化内隐观
对产品购买可能性的交互效应

---

　　① 按照 bootstrap 方法得到一致的结果,即消费者关于全球文化和本土文化的冲突内隐观仅调节直接效应。同时,该变量不对整个中介机制产生调节作用,即被调节的中介不成立。

第四节　研究结论与讨论

一、主要结论

本章从文化视角发起了一项整合性机制研究,试图解决全球品牌在其延伸产品中加入中国元素而引发的理论悖论。研究发现:在全球品牌的中国元素产品中,中国元素文化内涵与全球品牌固有外来文化概念的融合程度越高,消费者对产品的购买可能性越高(H1),原因在于高文化融合度引发了消费者更高的感知品牌延伸真实性(H2),感知品牌延伸真实性在文化融合度和产品购买可能性的关系中发挥中介作用(H3),且该中介效应明显强于传统品牌延伸研究中经常考量的相似性和相关性(H4)。消费者全球—本土文化内隐观在文化融合度和感知品牌延伸真实性的关系不发挥显著的调节效应(H5),但显著负向调节了文化融合度对产品购买可能性的直接效应。

二、理论贡献

首先,本章将跨文化心理学领域关于双文化暴露效应的探讨延展到品牌全球化领域,把全球品牌本身所代表的全球消费者文化和延伸产品中新添加的本土文化元素共同形成的"文化混合(cultural mixing)"现象作为一种全新的"双文化暴露"情境进行研究,并为此构建了较为系统的研究框架。本章在两个方面对双文化暴露效应的研究有所推进:一方面,将消费者关于两种文化在概念兼容性的评估具化为可进行客观比较的连续性感知标准,而并不囿于以往研究中所操作的绝对文化融合或不融合的实验情境,拓展了理论的外在效度。另一方面,将感知品牌延伸真实性作为文化融合度与产品购买可能性之间的中介变量,为双文化暴露效应提出了新的解释机制,而不是以往研究中普遍涉及的信息加工流畅性理论。

其次,本章有助于丰富关于全球品牌在进行本土化延伸时的讨论。针对全球品牌如何在延伸产品中运用本土文化元素这一广泛的市场现象,现有文献尚未进行充分的理论研究。已有研究证明,中国元素为全球品牌产品带来增益效果的前提是消费者认为产品所体现的文化元素与其刻板印象一致（何佳讯等，2014）或具备品牌本土象征价值（黄海洋和何佳讯，2017）。本章的研究则对此做出补充，证明所采用的东道国当地文化元素与全球品牌所蕴含的全球消费者文化之间的融合程度也是重要的先决因素。

再次，丰富了关于感知品牌延伸真实性这一新兴且重要构念的理解。与以往评价品牌延伸产品的指标相比，品牌延伸真实性更能够体现品牌文化的精髓、氛围和基因。本章不仅为感知品牌延伸真实性找到了新的前因（即文化融合度），还表明感知品牌延伸真实性在"文化融合度—产品购买可能性"中的中介效应高于相似性和相关性，因而首次通过实证研究识别了感知品牌延伸真实性的"文化基因"，展现了感知品牌延伸真实性不同于相似性和相关性的概念内涵。

最后，本章在同时激活两种文化线索的"文化混合"情境下考察消费者全球—本土文化内隐观的作用机制。本章虽然没有证实消费者全球—本土文化内隐观在文化融合度和感知品牌延伸真实性间的调节作用，但确实发现其显著负向调节文化融合度对产品购买可能性的直接效应。一个可能推论是，文化融合度对产品购买可能性的影响还存在其他的解释机制，而消费者全球—本土文化内隐观调节的正是这些机制，如信息加工流畅性等（Torelli 等，2011，2012；Torelli 和 Ahluwalia，2012）。当然，有关这些认知心理层面的推测，仍需要更加有效的实验室实验予以验证。

三、实践意义

一方面，当企业试图通过推出本土文化元素产品而推行本土适应战略或全球本土化战略时，可以通过预先评估该延伸产品赋予消费者的文化融合度感知，确立新产品在自身品牌架构中的位置。我们的研究已经表明，高文化融合度势必会加强消费者的感知品牌延伸真实性。因此，当企业仅打算以现有品牌名称为延伸产品进行命名时，需要保证该产品能够体现足够高的文化融合度感知，否则会影响消费者对于该延伸产品的真实性感知，甚至反噬原有的品牌资产。而另一种相对应的现实情况是：公司推出本土元素延伸产品的目的在于在整体上建立本土化形象，或在当地市场获取更大的成功，且其主打品牌的全球形象又与当地文化存在较大冲突。例如，全球化的笔记本电脑品牌试图在以保守闻名的阿拉伯国家打开销路。此时,尽可能多地在新产品或营销沟通中加入当地文化元素反而会降低文化融合度。因此,企业可以考虑为新产品单独开发新的品牌或是将新品牌作为子品牌并与现有品牌结合使用,从而达到一箭双雕的目的。

另一方面,企业可以基于消费者全球—本土文化内隐观对目标客户进行市场细分,并就不同群体的特性而决定是否将本土文化元素作为产品延伸的重要策略。如果消费者在其内隐认知中将全球文化和本土文化视为彼此冲突,则文化融合度对产品购买可能性的直接提升作用会被削弱。因此,消费者全球—本土文化内隐观是企业需要重点关注的消费者特征变量,因为它影响的是消费者的行为意愿,直接体现在市场绩效上。具体地,全球品牌应该只向那些认为全球文化和本土文化可以兼容的消费者(低文化内隐观冲突)推送带有中国元素的延伸产品,而避免向那些认为两种文化冲突(高文化内隐观冲突)的消费者推送相关产品或营销信息。

四、局限性和未来研究方向

首先,由于文化融合度没有现成的量表可以借鉴,我们将其作为单维度构念,基于以往文献改编了三个测项,其有效性有待进一步检验、完善和拓展。其次,本章主要采用问卷调查方法,但这只是从相关关系的角度进行的阐释,未来可以考虑通过实验法研究文化融合度的高低程度,提高研究结论的内部效度。最后,受样本数量限制,本章仅对文化融合度的效应机制进行了笼统探索。而事实上,这一过程可能还因品类的不同而存在差异化的表征。例如,由于食品等品类与当地文化联系相对紧密,消费者对相关产品在文化融合度上的要求及预期亦可能更高。未来可以考虑进行更为细致的比较分析。

第五章
基于品牌定位影响消费者选择

　　全球化进程促进了世界各国相互影响,并通过贸易、移民以及信息或意识形态交流催生了国与国之间的相似性(Arnett,2002)。然而,在经历了数十年的稳健加速之后,全球化的步伐近年来似乎开始放慢,甚至出现了停滞的迹象。这一转变可以从英国脱欧、美国推行的贸易保护主义政策,以及欧洲多国日益高涨的民族主义意识形态趋势中得到印证(Steenkamp,2019;Mandler 等,2021)。这些逆全球化现象可能给跨国企业在为其品牌确立并实施全球或本土定位的过程中带来新挑战(Gürhan-Canli 等,2018;Steenkamp,2019)。具体地,全球品牌定位是指通过采取一系列品牌策略来体现全球消费文化中共通的符号与形象,涵盖地点、人物及事物等元素(Dawar 和 Parker,1994;De Vries 和 Fennis,2020)。相对地,本土品牌定位则聚焦于将品牌调整成能够契合本土消费文化的特性,如本地口味、需求和文化特征等(Schuiling 和 Kapferer,2004)。通过实施不同品牌定位战略,企业能够引导消费者形成关于品牌"全球"或"本土"的主观感知(Alden等,1999;Steenkamp 等,2003)。

　　本土品牌定位和全球品牌定位均已被广泛证实是行之有效的战略措施。例如,本土品牌定位能够向消费者传递"独特"的信号,有助于建立起强烈的品牌意识,向消费者传达关于本地文化的自豪感和正宗性(Steenkamp等,2003;Schuiling 和 Kapferer,2004)。相反地,全球品牌定位则往往会激活高感知质量、风险程度低、受到渴望、承担社会责任等利益联想(Holt 等,2004;Dimofte 等,2008)。然而,关于这两种定位战略所蕴含的心理机制和行为结果的探讨却相对有限。例如,消费者偏好本土品牌定位和全球品牌定位的心理驱动因素存在差异,如个性、情境性及特质性调节聚焦等

（Westjohn 等,2012,2016）。更重要的是,本土品牌定位和全球品牌定位能够进一步引发差异化的判断和决策结果,即使它们与品牌定位信息本身并无直接关联。然而,尽管以往研究已经展开了某些初始探索,但其数量较少,仍然存在丰富空间可供深入挖掘。

本章旨在深入探究本土品牌定位战略对消费者从众行为（consumer conformity）的影响。我们提出:相较于全球品牌定位,本土品牌定位战略增强了消费者对于品牌目标人群的感知相似性,从而激发了他们的整体社会联结感（general feeling of social connectedness）,最终促使其在后续消费决策中体现出从众倾向,即使这些消费决策与品牌定位本身的关联不大。进一步地,我们还试图探索消费者相似性聚焦（similarity focus）在上述过程中的调节作用。具体地,我们预测:对于高相似性聚焦的消费者,品牌定位对消费者从众行为的影响效应将被削弱。本章开展了一项问卷调查和三项实验研究来验证以上观点。

第一节 文献回顾和研究假设

一、本土品牌定位和全球品牌定位

全球品牌是指具有广泛的可获得性、认知度和地理覆盖范围,以及在所有市场上实施较为统一的产品、定价、定位及营销战略,并未针对具体的本地市场进行调整的品牌;本土品牌则是指仅能在特定地理区域（如某个国家或具体社群等更为狭窄的范围）被获得,且基于本地市场的特殊需求及期望进行调整的品牌（Dimofte 等,2008）。相关研究表明,对全球品牌和本土品牌的界定已从最初的基于营销标准化程度进行衡量（Hsieh,2002;Schuiling 和 Kapferer,2004）逐渐演变成基于消费者感知进行评估（Steenkamp 等,2003;何佳讯,2013）。因此,当消费者相信特定品牌具备上述界定中的相关特征,便能对其形成"全球"或"本土"的主观感知（Steenkamp 等,2003）。按照该逻辑,企业能够通过实施不同的品牌定位战略,分别建立消费者感知中的"全球品牌"和"本土品牌"（Alden 等,1999）。具体地,全球品牌定位战略意味着将全球消费者共享的文化象征要素加诸于品牌，或将品牌描述成被全球消费者购买或使用、能尽量满足其共同需求；相对地，本土品牌定位战略则意味着尝试将品牌与本地文化中的象征要素进行关联，或将其描述成主要被本地消费者购买或使用且其生产制造考虑了本地消费者的独特需求。

进一步地，不同品牌定位战略均具有竞争优势，能够提升消费者对于品牌的态度评价和购买意愿。例如，本土品牌定位能够向消费者传递"独特"的信号，有助于建立其强烈的品牌意识，向消费者传达关于本地文化的自豪感和正宗性（Steenkamp 等，2003；Schuiling 和 Kapferer，2004）。相反地，全球品牌定位则往往会激活高感知质量、风险程度低、受到渴望、承担社会责任等利益联想（Dimofte 等，2008；Holt 等，2004）。整体上，这些研究或是探索性地揭示两种品牌定位能各自引发哪些特殊品牌联想，或是探究并比较它们共同激活的具体利益联想及其影响机制，但较少探索两种品牌定位在整体上如何能够情境性地影响消费者的潜在心理过程并进一步"溢出"影响他们与品牌无关的后续行为决策，但也存在一些初始尝试。例如，Gineikiene 等（2016）发现消费者倾向于选择本国的食物产品，因为他们认为这些产品更为健康自然。De Vries 和 Fennis（2019）同样基于食物品类展开探究，发现消费者在被展示本土定位的品牌信息后，倾向于采取低解释水平的信息处理方式，进而更容易进行冲动消费。延续这样的研究思路，本章试图探索的是本土品牌定位对消费者从众行为的影响。

二、品牌定位、感知相似性和整体社会联结感

本土定位的品牌往往与本地的文化传统和生活方式相联系，更容易引起消费者对特定区域的认同（Ger，1999），也更容易与其建立情感关联（Schuiling 和 Kapferer，2004），使其产生熟悉、亲密和信赖的感受（Durvasula 等，2006）。相反地，全球定位的品牌往往在不同国家销售，旨在能同时满足跨越多个地理区域的消费者的异质性需求，因此不太可能在心理层面上与消费者建立联系和信任（Hollis，2008）。根据这些研究结果，我们预测：与全球定位的品牌相比，消费者似乎更容易感知到自己与本土定位品牌的目标消费群体之间存在相似性。

本土品牌定位和全球品牌定位对消费者感知相似性上的差异化影响，

会进一步延伸到他们的整体社会联结感上。事实上，社会联结感是归属感的重要组成部分，本身属于一种基本人类动机，象征着个体与他人建立并维持牢固、稳定关系的强烈愿望（Baumeister 和 Leary，1995）。特别地，社会联结感指的是个体与社会建立密切关联的主观意识，往往来源于其社会关系或社交经历（如家人、同伴、社群等）（Lee 和 Robbins，1998）。一般而言，人们往往对与自己存在相似性的其他个体持有积极态度（Byrne，1969）。因此，个体感知到的自身与他人之间的相似性，哪怕是微小的，也能够促进社会联结感的整体形成。例如，群体成员之间的感知相似性能够提升社会联结感，进而提升消费者在线上社群和集体活动中所感受的社会支持和体验乐趣（Stieler 和 Germelmann，2016；Godard 和 Holtzman，2023）。此外，即使是销售人员和消费者之间的偶然相似性（如相同的生日或出生地），也可能促进消费者产生更好的态度评价和更强的购买意愿（Jiang 等，2010）。

事实上，以往研究也为本土品牌定位和社会联结感之间的关系提供了实证依据。例如，具有高亲和性的消费者更易产生国家认同，因此更偏好本土定位广告。相反，具有高开放性的消费者更易产生全球认同，从而更偏好全球定位广告（Westjohn 等，2012）。亲和性本质上是对人际导向和归属感的强烈追求（Roberts 和 Robins，2000；Lun 和 Bond，2006）。另一项研究则表明，定位战略可能影响消费者关于品牌的刻板化印象（Kolbl 等，2019）。本土定位能激活品牌温暖感知，进而提升品牌认同，代表了品牌和消费者之间的"一体性"。相反，全球定位能激活品牌能力感知，但对品牌认同不产生影响。与这些研究发现一致，我们提出：相较于全球品牌定位，本土品牌定位能够情境性地增强消费者对品牌目标群体的感知相似性，进而提升他们的整体社会联结感。

三、品牌定位对消费者从众行为的影响

消费者在决策过程中常受到他人意见和行为的影响。从众性（conformity）与非从众性（non-conformity）构成了消费决策过程中需要平衡的两个对立维度（Berger 和 Heath，2007；Wan 等，2014）。从众性描述了个体为了适应群体中的大多数人而调整自己行为的倾向（Cialdini 和 Goldstein，2004；He

等，2022）。而非从众性则反映了人们重视少数人信念或行为的倾向（Huang 等，2014；Qin 和 Wang，2023）。以往研究识别了影响从众性的两种主要动机：信息性动机和规范性动机。信息性动机意味着个体可以通过采纳大多数人的意见来进行更为准确有效的决策（Huang 等，2014），规范性动机则意味着遵循他人意见能够帮助个体建立社会联系及避免遭受非议（Baumeister 和 Leary，1995）。人格特征（如归属需求）和产品类型（如音乐和服装）等相对稳定的因素能够影响消费者的从众行为（Berger 和 Heath，2007；Leary 等，2013）。此外，从众行为也会受到情境因素的促进或抑制。例如，让消费者回忆自身秘密能够情境性地引导他们倾向于避免社会注意，从而导致在消费决策中选择相对从众的产品（He 等，2022）。此外，物理环境线索（如座位布局形状）亦能促使消费者在进行广告评价时体现自身的从众倾向（Zhu 和 Argo，2013）。

因此我们提出，整体社会联结感能够增强消费者的从众倾向。正如上文所述，相较于全球品牌定位，本土品牌定位能够情境性地增强消费者对品牌目标群体的感知相似性，进而提升他们的整体社会联结感，满足人们的基本归属需求（Baumeister 和 Leary，1995）。同时，从众行为本质上反映了通过增加个体与他人之间的相似度来满足其归属需求的过程（He 等，2022）。因此，整体社会联结感应该会驱使消费者表现出从众倾向。以往发现也佐证了这一预测。例如，Huang 等（2014）发现，个体与他人的社会亲密度会导致消费者更倾向于选择他人偏好的产品。Xu 等（2012）的研究结果表明，如果个体能够感知到自己与他人的物理距离更近，他们会表现出更为强烈的归属需求，并在随后的消费决策中体现出从众倾向。综上所述，我们认为，本土品牌定位对消费者感知相似性和整体社会联结感的差异化影响会进一步溢出到其消费决策上，具体假设如下。

H1：本土品牌定位会情境性地增强消费者的从众倾向。

H2：感知相似性和社会联结感会对本土品牌定位影响消费者从众倾向的过程产生连续中介作用。

根据推理，感知相似性是本土品牌定位提升整体社会联结感的主要原因。因此，如果消费者认为自身与品牌定位的目标群体相似程度很高，品牌定位对从众行为的正向影响应该会减弱。基于该理论推导，我们试图探究消费者相似性聚焦在品牌定位和消费者从众倾向关系中的调节作用,以进一步验证其潜在心理机制。具体地,相似性聚焦是指个体在评估和判断中倾向于关注事物之间的共同点(Mussweiler,2001;Hanko 等,2010)。因此,具有高相似性聚焦的消费者会更容易感知到自身与品牌目标客户之间的共同点,由此形成的感知相似性会被同等程度地增强。在这种情况下,品牌定位本身对感知相似性不产生明显影响。相反地,对于低相似性聚焦的消费者,本土品牌定位对消费者感知相似性和整体社会联结感的差异化影响依然存在,并会进一步反映到其从众倾向中。因此本章提出以下假设。

H3:对于高相似性聚焦的消费者,本土品牌定位对消费者从众倾向的正向影响将会削弱。相反地,对于低相似性聚焦的消费者,本土品牌定位会提升消费者从众倾向。

我们通过一系列研究对上述假设进行验证。图 5-1 展示了本章的总体理论框架。首先,我们展开一项预研究,通过问卷调查探索消费者日常购买本土品牌比例与其特质性从众倾向之间的相关关系。实验 1 通过操作不

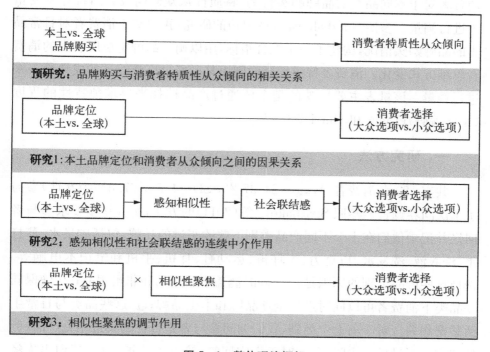

图 5-1　整体理论框架

同品牌定位信息，揭示本土品牌定位如何影响消费者决策中的从众倾向。实验 2 则试图验证消费者感知相似性和整体社会联结感在上述过程中的连续中介作用。最后，实验 3 旨在验证相似性聚焦的调节作用，为先前提出的理论机制提供更为深入的证据。具体地，对于高相似性聚焦的消费者，本土品牌定位对消费者从众倾向的正向影响将会削弱。此外，实验 2 和实验 3 还排除了若干可能的替代性解释。总体上，我们采用的消费者决策任务涵盖不同产品品类。这在一定程度上会增强研究结论的外在效度。

第二节　预研究：品牌购买和
特质性从众倾向

在开展正式实验前，我们进行了一项预研究，探索本土品牌定位和消费者特质性从众倾向之间的相关关系。具体地，我们发起了一项问卷调查，对消费者对于不同品类的品牌购买行为、特质性从众倾向及人口统计学变量等进行测量。参照 Strizhakova 等（2011）的研究，我们基于消费者对日常品类的品牌购买情况，构建了一个综合指标，用以衡量品牌定位所引发的消费者思维方式变化。消费者特质性倾向则由某一经过广泛验证的成熟量表来进行衡量。该量表主要反映的是个体通过产品选择来寻求独特性的程度（反向编码）（Lynn 和 Harris，1997）。

一、研究方法

共有 180 名消费者（$M_{年龄}$＝24.37 岁，SD＝4.58；67.8％为女性）参与了本次问卷调查。参照 Strizhakova 等（2011）的方法，实验初步要求参与者回忆并记录他们在十个不同产品类别下曾购买过的品牌，包括矿泉水、苏打水、洗衣液、洗发水、巧克力、牛仔裤、运动鞋、耳机、手机和笔记本电脑等。选择这些产品类别的原因是：① 同时涵盖了耐用品和非耐用品；② 确保同一品类下消费者可以同时选择全球品牌和本土品牌；③ 这些品类与日常生活紧密相关。对于前七个类别，我们询问参与者是否曾购买过相关产品（例如：“你购买过矿泉水吗？”）。对于肯定回答，接下来的指示是“请列出你经常购买的品牌名称"。考虑到消费者对耳机、手机和笔记本电脑等品类的购买频率可能较低,且这些品类的价格相对而言偏高,我们先询问参与者是否拥有这些产品,得到肯定回答后,会要求他们指明具体品牌名称。特质性从众倾向($\alpha = 0.72$)的测量则采用 Likert 7 点量表(1=完全不同意,7=完全同意)。我们对所有题项进行反向编码,以确保分值越高代表消费者特质性从众倾向越强(Lynn 和 Harris,1997)。

接下来,两位营销专业的学生对参与者提及的所有品牌进行编码。首先,研究者会向其详细解释关于本土品牌和全球品牌的概念界定。具体地,本土品牌是指"仅在一个国家、地区或邻近国家以相同品牌名称分销和推广的品牌",而全球品牌是指"在多个国家以相同品牌名称分销和推广的品牌"(Strizhakova 等,2011)。依据这些标准,编码者独立对参与者的回答进行编码,将其归类为"本土品牌""全球品牌"或"其他品牌"(即来源未知的品牌)。两位编码者的分类结果一致性为 97%。对于归类存在不一致的品牌,主要研究者会访问公司网站和其他公共数据库,以进一步确认品牌的正确分类。最终,参与者报告的全球品牌和本土品牌购买比例分别为 70.1% 和 27.1%。

基于编码结果,我们采取了一种方法来衡量品牌定位对消费者思维方式的潜在影响。具体地,通过将在十个品牌中购买的本土品牌数量除以在这些类别中购买的总品牌数量,我们计算了本土品牌购买比例。类似地,通过将购买的全球品牌数量除以同一基数,我们得到全球品牌购买比例。接着,我们创建了一个综合指标以衡量关键构念——品牌购买情况。该指标通过将每位参与者购买的本土品牌比例减去购买的全球品牌比例而得出。因此,较高得分表明参与者平时的本土品牌购买比例更高,因而其思维方式更有可能受到本土品牌定位的潜在影响。

二、结果与小结

数据结果显示,本土品牌购买比例与消费者特质性从众倾向之间存在显著正相关关系($r = 0.15$,$p < 0.05$)。这表明,平时更多购买本土品牌的受访者的从众倾向更高。回归分析也得到了一致结果($b = 0.15$,$t(192) = 2.04$,$p < 0.05$)。这些结果初步支持了 H1。换言之,更容易受到本土品牌

定位影响的消费者会在进行产品选择时倾向于与他人保持一致。接下来，我们进行第一个实验，以探索品牌定位和消费者从众倾向之间的因果关系。

第三节　实验 1：本土和全球品牌
定位与产品选择

实验 1 旨在验证品牌定位对消费者从众的因果影响关系。特别地，在该实验中，我们并未测量消费者的从众倾向，而是通过要求他们进行具体产品选择。通过消费者是否选择更大众的产品选项，来反映他们的从众倾向（Wan 等，2014；Fan 等，2020；Cai 和 Wang，2022）。

一、研究方法

实验通过 Credamo 平台招募 160 名参与者（$M_{年龄} = 27.61$ 岁，SD＝6.00，57.5％为女性）。被试被随机分配到单因素（品牌定位：本土 vs. 全球）组间实验设计中。

整个实验由若干表面上无关的任务构成。首先是一项阅读任务（Westjohn 等，2016；De Vries 和 Fennis，2020）。在本土定位组，被试会阅读一则标题为"了解本土品牌运动"的海报。具体地，本土品牌被描述成是"一个国家或地区的标志性符号""仅在本地可获得""与本地文化有关"以及"主要面向本地客户"。在全球定位组，被试阅读的则是"了解全球品牌运动"海报，且会进一步了解到全球品牌的特征，即"世界的标志性符号""全球范围内可获得""与全球文化有关"以及"主要面向全球客户"（见附录 1）。为了强化操作效果，在阅读完海报后，参与者还会被引导思考并写下一个符合海报描述特征的具体品牌，同时通过签名表明已完成该阅读任务。

接下来是一项购物任务。参与者被要求想象自己在某电商平台上参与积分兑换活动。可以选择兑换一把雨伞（Cai 和 Wang，2023）。随后向被试展示两个款式的雨伞图片和对应的市场份额信息：83.7％的消费者选择了雨伞 A，16.3％的消费者选择了雨伞 B。两款雨伞在品牌、质量和价格等其他特征上没有差异（见附录 2）。基于以往研究，选择雨伞 A 代表着更高的从众行为倾向。与此同时,在正式实验前,我们还完成了一项独立前测,邀请 29 名消费者对两款雨伞进行评价(1=非常没有吸引力,7=非常有吸引力)。结果显示被试对两款雨伞的评价不存在显著差异($M_A=4.76$,$M_B=5.24$,$p=0.21$),证明了产品刺激物的适宜性。为了排除雨伞款式本身的混淆影响,我们在正式实验过程中,还对雨伞款式和市场份额信息的呈现顺序进行了均衡设置。被试需要根据上述信息,表明他们对两款雨伞的相对偏好(1=绝对选择雨伞 A,7=绝对选择雨伞 B)。在随后的数据分析中,我们对该题项进行编码,以确保分值越高代表消费者从众倾向越强。

二、结果与小结

以品牌定位为自变量,消费者从众倾向为因变量,进行单因素 ANOVA 分析。结果显示,品牌定位对消费者从众倾向的主效应达到显著水平($F(1, 158)=4.86$,$p<0.05$,$\eta_p^2=0.03$)。具体地,相较于全球定位组的被试,本土定位组的被试更加偏好顾客选择比例更高的雨伞款式($M_{本土}=5.11$,$SD=2.11$ vs. $M_{全球}=4.32$,$SD=2.41$)。因此,H1 得到进一步证实。

在预研究的基础上,实验 1 进一步验证了品牌定位对消费者从众倾向的影响。接下来的实验将对感知相似性和整体社会联结感的连续中介机制进行检验,并排除若干可能的替代机制。

第四节 实验 2:感知相似性和整体社会联结感的中介作用

实验 2 旨在探究感知相似性和整体社会联结感在品牌定位和消费者从众倾向关系中的连续中介机制。此外,我们还尝试排除几种若干替代性解释。先前研究指出,全球品牌常被认为蕴含了兴奋、声望、抱负和开放性等价值意涵(Holt 等,2004;Dimofte 等,2008)。与此同时,重视权力的消费者倾向于对全球产品持有积极看法,且那些重视自我导向的消费者倾向于对本土产品抱有消极态度(Steenkamp 和 De Jong,2010)。另外,权力感(power states;Anderson 和 Galinsky,2006;Rios 等,2015)、控制感(sense of autonomy；Bellezza 等,2014)、能力感(sense of competence；Bellezza 等,2014)、地位寻求动机(Cai 和 Wang,2023)以及独特性寻求动机(Zhu 和 Argo,2013)均被发现可以增强消费者追求独特性的动机(Wan 等,2014)。换言之,本土品牌定位可能会负向影响上述感受和动机,最终提升消费者从众倾向。与此同时,实验 2 还将消费者本土—全球认同作为替代性解释进行测量和检验(Zhang 和 Khare,2009)。最后,为了拓展研究结论的外在效度,实验 2 基于另一产品品类(T 恤)构建产品选择任务。

一、研究方法

我们在 Credamo.com 上招募了 93 名消费者($M_{年龄}$＝30.85 岁,SD＝8.69,49.5％为女性)参与本实验。被试被随机分配到单因素(品牌定位：本土 vs. 全球)组间实验设计。与实验 1 相同,本实验仍采用海报阅读任务对品牌定位进行操作。然后,被试在 9 点 Likert 量表上完成感知相似性(α＝0.77；Berger 和 Heath,2008)和整体社会联结感(α＝0.94；Lee 和 Robins,1995)两个中介变量的对应测项(1＝完全不同意,9＝完全同意)。

接下来,被试进入与实验 1 类似的会员积分兑换任务。但在实验 2 中,被试能够兑换的产品是 T 恤。被试可以在三种款式中进行选择。这三种款式仅在图案设计上存在差异,在颜色、尺码、质量和价格方面均保持相同(见附录 2)。与此同时,被试还会了解到不同款式的市场份额信息：41％的顾客选择了 A 款式,13％的顾客选择了 B 款式,46％的顾客选择了 C 款式。基于前人研究,选择 A 和 C 款式意味着更高的从众倾向(Wan 等,2014)。特别地,在正式实验前,我们还完成了一项独立前测,邀请 29 名消费者对三款 T 恤进行评价(1＝非常没有吸引力,7＝非常有吸引力)。结果显示被试对三款 T 恤的评价不存在显著差异(M_A＝4.28 vs. M_B＝4.59 vs. M_C＝4.10；$ps>0.12$),证明了产品刺激物的适宜性。在正式实验中,被试需要依次表明对各 T 恤款式的购买意愿(1＝绝对不会选择,9＝绝对会选择)。在稍后的数据分析中,我们对这些题项进行编码并计算均值(α＝0.80),分值越高意味着消费者从众倾向越强。

此外,被试还需要在 9 点 Likert 量表上完成权力感、控制感、能力感(α＝0.94)、地位寻求动机(α＝0.92)和独特性寻求动机(r＝0.92,$p<$

0.001)等混淆解释变量的测量(1=完全不同意,9=完全同意)。对消费者本土—全球认同($r=0.96$,$p<0.001$)的测量则沿用了 Gao 等(2017)的量表(1=全球认同,9=本土认同)。所有测项内容见表5-1。

表 5-1 第五章涉及的构念及测项内容

从众倾向(实验 1[a];Lynn 和 Harris, 1997)
请表明您对以下陈述的同意程度:
1. 我喜欢拥有别人没有的东西。
2. 我喜欢在别人之前尝试新产品和服务。

感知相似性(实验 2[a];Berger 和 Heath, 2008;Kim 和 Park, 2011)
请表明您对以下陈述的同意程度:
1. 我和其他支持上述表述中涉及品牌的人存在很多共同点。
2. 我认为自己和其他支持上述表述中涉及品牌的人非常相似。

社会联结感(实验 2 和实验 3[a];Lee 和 Robins, 1995)
请表明您在完成本问卷时,在多大程度上同意以下陈述:
1. 我感到自己和他人存在联结。
2. 我感到自己和他人是有联系的。
3. 我感受到某种归属感。[b]

权力感(实验 2[c];改编自 Rios 等,2015)
在之前的情境中,您被要求在两个产品选项中选择。请表明您在此过程中的感受:
您在该过程中认为自己有多少权力感?

自主感(实验 2[c];改编自 Bellezza 等,2014)
在之前的情境中,您被要求在两个产品选项中选择。请表明您在此过程中的感受:
您在该情境中认为自己有多少控制感?

能力感(实验 2[a];改编自 Fiske 等,2002)
在之前的情境中,您被要求在两个产品选项中选择。请表明您在此过程中的感受:
1. 我认为自己是有能力的。
2. 我认为自己是聪明的。
3. 我认为自己是成功的。
4. 我认为自己是有所发展的。

地位寻求动机(实验 2[a];改编自 Flynn 等,2006)
在之前的情境中,您被要求在两个产品选项中选择。请表明您在此过程中的感受:
1. 我能够通过先前的产品选择感受到自身地位的提高。
2. 我能通过先前的产品选择让他人钦佩我。
3. 我知道先前的产品选择能够帮助我获得他人的积极评价。

独特性需求动机(实验 2[a]；改编自 Zhu 和 Argo，2013)
在之前的情境中，您被要求在两个产品选项中选择。请表明您在此过程中的感受：
1. 我试图在先前的产品选择中表现得与他人有所不同。
2. 我想要通过先前的产品选择体现出自己的独特性。

本土—全球认同(实验 2[d]；改编自 Gao 等，2017)
我们想知道您此时此刻认为哪种身份更重要：
1. 此时此刻，我将自己认同为_____。
2. 现在，我认为自己是_____。

注：a. 使用 1(非常不同意)到 9(非常同意)量表；b. 仅在体现在实验 3 中；c. 使用 1(一点也没有)到 9(非常有)量表；d. 使用 1(全球公民)到 9(本地公民)量表。

二、研究结果

(一)从众倾向

单因素 ANOVA 结果显示，相对于全球定位组，本土定位组的被试更偏好选择相对大众的图案设计($M_{本土}=4.65$，SD$=1.20$ vs. $M_{全球}=4.10$，SD$=1.44$；$F(1, 91)=4.12$，$p<0.05$，$\eta_{p}^{2}=0.04$)。H1 得到进一步验证。

(二)感知相似性

单因素 ANOVA 结果显示，品牌定位对感知相似性存在显著的主效应影响($F(1, 91)=5.17$，$p<0.05$，$\eta_{p}^{2}=0.054$)。具体地，本土定位组的被试($M_{本土}=7.04$，SD$=0.90$)的感知相似性显著高于全球定位组的被试($M_{全球}=6.57$，SD$=1.11$)。

(三)社会联结感

与此同时，品牌定位对整体社会联结感同样存在显著正向影响($F(1, 91)=7.78$，$p<0.01$，$\eta_{p}^{2}=0.079$)。与全球定位组的被试相比，本土定位组的被试比全球定位条件下的参与者感受到的整体社会联结感更强($M_{本土}=6.63$，SD$=1.72$ vs. $M_{全球}=5.43$，SD$=2.37$)。

(四)感知相似性和社会联结感的中介作用

我们预测，与全球定位下的被试相比，本土定位下的被试将会感知到自身与品牌目标客户之间存在更高的相似性，从而产生更强的整体社会联结感，进而体现为对大众化产品的更强偏好(即品牌定位→感知相似性→整体社会联结感→消费者从众倾向)。具体地,采用 PROCESS 程序对感知相似性和整体社会联结感的连续中介进行检验(模型 6;Hayes,2013)。在样本量选择为 5 000,95% 置信区间下,感知相似性和整体社会联结感的中介分析结果中置信区间不包括 0($b=0.22$;95% CI:[0.03,0.44])。此外,如果分别将感知相似性($b=-0.02$;95% CI:[-0.17,0.12])和整体社会联结感($b=0.43$,95% CI:[-0.07,1.02])作为唯一的中介变量,中介分析结果中的置信区间均包含 0(见图 5-2),排除了两者作为单独中介变量的可能性。

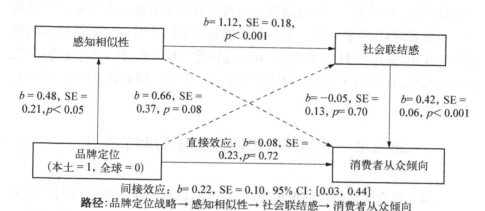

路径:品牌定位战略→ 感知相似性→ 社会联结感→ 消费者从众倾向

图 5-2　感知相似性和整体社会联结感的连续中介作用

为了进一步验证感知相似性和整体社会联结感的中介顺序,我们对它们进行重新排序,并探索以下替代性影响路径:品牌定位(本土 vs. 全球)→感知相似性→整体社会联结感→消费者从众倾向(模型 6;Hayes,2013)。同样在样本量选择为 5 000,95% 置信区间下,整体社会联结感和感知相似性的中介分析结果中置信区间包括 0($b=-0.02$,[-0.12,0.07])。以上分析结果表明,感知相似性和整体社会联结感的中介效应是存在的,H2 得到验证。

(五)其他分析

一系列方差分析表明,品牌定位对被试的权力感($p=0.57$)、控制感($p=0.37$)、能力感($p=0.79$)、地位寻求动机($p=0.76$)及独特性寻求动机($p=0.58$)均不存在显著影响。因此,可以排除它们作为替代性解释的可能性。

与此同时,尽管品牌定位对被试的本土—全球认同存在显著影响($M_{本土}=7.78$,SD$=1.59$ vs. $M_{全球}=3.08$,SD$=1.72$;$F(1,91)=$

188.59，$p<0.001$，$\eta_p^2=0.68$)，但进一步采用 PROCESS 程序进行分析(模型 4；Hayes，2017)的结果显示，本土—全球认同的中介分析结果中置信区间包含 0($b=-0.42$；95% CI：$[-1.93，0.74]$)。换言之，品牌定位对消费者从众倾向的影响与本土—全球认同的中介作用无关。

三、小结

实验 2 通过改进操作任务和调整产品选择任务，再次证明：相对于全球品牌定位，本土品牌定位可以促进消费者更加偏好相对大众化的产品选择。更重要的是，实验 2 进一步揭示了感知相似性和整体社会联结感的连续中介作用，验证了 H2。此外，实验 2 还排除了权力感、控制感、能力感、地位寻求动机、独特性寻求动机和消费者本土—全球认同的替代性解释作用。

第五节　实验 3：相似性聚焦的调节作用

实验 3 旨在探究相似性聚焦的调节作用，以进一步为潜在机制提供证据。为了提高研究结果的外在效度，实验 3 中的产品选择任务采用了又一新品类。与此同时，在本实验中，我们不再测量被试的相对产品偏好，而是要求被试切实做出产品选择。另外，实验 3 还将消费者情绪作为替代性解释进行测量和检验(Wan 等，2014；Fan 等，2020；Cai 和 Wang，2023)。

一、研究方法

来自 Credamo 平台的 180 名被试($M_{年龄}=28.17$ 岁，SD=6.96，58.30% 为女性)被随机分配到 2(品牌定位：本土 vs. 全球)×2(相似性聚焦：启动 vs. 控制)的组间实验设计中。被试首先被要求完成与实验 2 相同的品牌定位操作任务。对相似性聚焦的操作则与以往文献一致(Mussweiler，2001)。在相似性聚焦启动组，被试被要求写下他们与品牌定位目标客户之间的三个相似点。在相似性聚焦控制组，被试被要求写下他们阅读到的品牌定位目标客户的三个特征点。

随后，与实验 1 和 2 类似，被试进入一项看似无关的电商平台积分兑换任务。在实验 3 中,被试能够兑换的产品是棒棒糖。平台提供了两款价格、质量和口味完全相同的棒棒糖,仅在图案设计上存在差异(见附录 2)。与此同时,被试还会了解到不同款式的兑换信息:已有 58 位消费者选择了 A 款棒棒糖,而有 178 位消费者选择了 B 款棒棒糖。换言之,选择 B 款意味着更高的从众倾向(Wan 等,2014)。为了排除款式本身的混淆影响,我们在正式实验过程中,款式和兑换信息的呈现顺序是随机的。此外,在正式实验前,我们还完成了一项独立前测,邀请 29 名消费者对两款棒棒糖进行评价(1=非常没有吸引力,7=非常有吸引力)。结果显示,消费者对它们的评价不存在显著差异($M_A = 4.17$ vs. $M_B = 4.00$;$p = 0.72$),证明了产品刺激材料的适宜性。在正式实验中,被试需要表明自己会选择兑换哪种棒棒糖。在完成上述任务后,被试还需要完成关于社会联结感的测量问题($\alpha = 0.86$;Lee 和 Robins,1995)。最后,被试表明自己当下的情绪状态(1=悲伤/消极,9=快乐/积极)($r = 0.72$,$p < 0.001$;Wan 等,2014;Cai 和 Wang,2023)。

二、研究结果

(一)产品选择

首先,对被试的产品选择进行重新编码。将选择大众棒棒糖(178 人选择)的结果编码为 1,将选择小众棒棒糖(58 人选择)的结果编码为 0。其次,将本土定位和全球定位分别编码为 1 和 0,将相似性聚焦启动组和控制组分别编码为 1 和 0。再次,以品牌定位、相似性聚焦和两者交互项为自变量,以产品选择编码结果为因变量,采用二元 Logistic 回归分析。结果显示,品牌定位对产品选择的主效应显著(Wald $\chi^2 = 8.36$,$p < 0.01$),相似性聚焦的主效应则保持在边缘显著水平(Wald $\chi^2 = 3.60$,$p = 0.058$)。更重要的是,品牌定位和相似性聚焦的交互作用达到显著水平(Wald $\chi^2 = 9.81$,$p < 0.01$)。具体地,在不启动相似性聚焦的条件下(即控制组),相较于全球定位组的被试(61.22%),本土定位组的被试更倾向于选择大众化的产品选项(80.49%;Wald $\chi^2 = 2.43$,$p < 0.05$)。相反地,在启动相似性聚焦的条件下(即启动组),全球定位组被试(79.55%)选择大众化选项的倾向性显著高于本土定位组被试(54.35%;Wald $\chi^2 = 6.17$,$p < 0.05$)(见图 5 - 3a)。换言之,H3 得到验证。

（二）整体社会联结感

以整体社会联结感为因变量，进行 2×2 ANOVA 分析。结果表明，品牌定位×相似性聚焦的交互作用达到显著水平（$F(1, 176)=11.46$, $p<0.001$, $\eta_p^2=0.061$）。品牌定位的主效应也达到显著水平（$F(1, 176)=10.16$, $p<0.01$, $\eta_p^2=0.055$），而相似性聚焦的主效应则不显著（$F(1, 176)=0.17$, $p=0.69$, $\eta_p^2=0.001$）。进一步的分析结果表明，在控制组（即不启动消费者相似性聚焦）中，本土定位组被试感受到的整体社会联结感显著高于全球定位组（$M_{本土}=7.83$, SD=0.74 vs. $M_{全球}=6.64$, SD=1.65；$F(1, 176)=21.52$, $p<0.001$, $\eta_p^2=0.11$）。相反地，在启动消费者相似性聚焦的情况下，品牌定位对于被试社会联结感的影响不显著（$M_{本土}=7.29$, SD=1.08 vs. $M_{全球}=7.33$, SD=1.11；$F(1, 176)=0.02$, $p=0.89$, $\eta_p^2=0.00$）（见图 5-3b）。

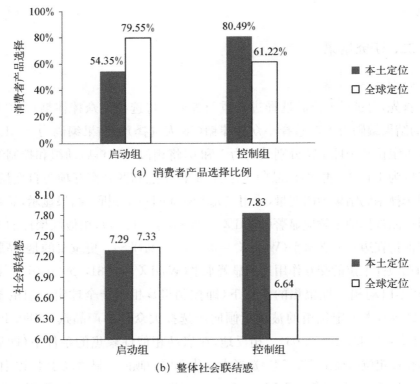

（a）消费者产品选择比例

（b）整体社会联结感

图 5-3　实验 3 主要分析结果

（三）调节中介效应

采用 PROCESS 程序检验相似性聚焦对整体社会联结感中介效应的调节作用（模型 8；Hayes，2017）。选择样本量为 5 000、置信区间 95% 的分析结果显示，当不启动相似性聚焦时，整体社会联结感的中介检验结果中不包含 0（$b=0.45$，95% CI：[0.13，0.86]），表明此时整体社会联结感在品牌定位和消费者从众行为中依旧发挥着显著中介作用。然而，当启动相似性聚焦时，整体社会联结感的中介检验结果中包含 0（$b=-0.012$，95% CI：[−0.23，0.18]），表明此时整体社会联结感不发挥中介效应。因此，相似性聚焦对整体社会联结感的中介效应有着显著的调节作用。

（四）其他分析

以情绪状态为因变量再次进行 2×2 ANOVA 分析。结果显示，相比全球定位组被试（$M_{全球}=7.29$，SD=1.12），本土定位组被试（$M_{本土}=6.92$，SD=1.16）的情绪状态更为负面（$F(1,176)=4.62$，$p<0.05$，$\eta_p^2=0.03$）。然而，回归分析结果表明情绪状态对消费者的产品选择不存在显著影响（$p=0.09$）。进一步地，采用 PROCESS 程序，对情绪状态的中介效应进行检验（模型 8；Hayes，2013）。选择样本量为 5 000、置信区间 95% 的分析并未显示出显著的调节中介效应（index = 0.09，SE = 0.11，95% CI：[−0.07，0.36]），排除了情绪状态的替代性解释。

三、小结

实验 3 进一步验证了 H3，即相似性聚焦调节了品牌定位对消费者从众倾向的影响。换言之，本实验通过揭示相似性聚焦的边界条件，进一步验证了感知相似性和社会联结感的潜在中介机制。具体地，整体社会联结感仅在相似性聚焦未被启动（即控制组）的被试中中介品牌定位对消费者从众倾向的影响效应。相反地，相似性聚焦同等程度地加强了被试关于不同品牌定位目标客户与其自身之间的相似性感知，从而削弱了本土品牌定位通过社会联结感对消费者从众倾向的正向影响。此外，实验 3 启用的产品选择任务不仅引入了新的产品品类（棒棒糖），还要求被试进行明确的产品选择，进一步提升了研究结论的外在效度。

第六节　结 论 与 讨 论

本章通过探索品牌定位对消费者从众倾向的影响，扩展了我们对本土品牌定位及全球品牌定位所蕴含的心理内涵及其下游行为后果的理解。预研究显示，平时更多购买本土品牌的消费者展现出更强的特质性从众倾向。进一步地，本土品牌定位加强了消费者在产品偏好上的从众倾向（实验 1）。这种效应是因为本土品牌定位会激发消费者的感知相似性，进而促使其形成整体社会联结感，并进一步提升其从众倾向（实验 2）。当消费者具有相似性聚焦时，本土品牌定位对消费者从众倾向的影响会被减弱（实验 3）。本研究通过采用不同实验任务来刻画消费者从众倾向，并在不同产品类别中验证了品牌定位对消费者从众倾向的影响效应。此外，本研究还排除了若干潜在的替代性解释，包括权力感、控制感、能力感、地位寻求动机、独特性寻求动机、消费者本土—全球认同和情绪状态。

一、理论贡献

本章首先通过探索品牌定位对消费者行为的新影响，拓展了本土品牌和全球品牌的相关文献（Kolbl 等，2019；De Vries 和 Fennis，2020）。自本土品牌定位战略和全球品牌定位战略的概念被提出以来，以往研究集中于探讨它们如何能够提升消费者的品牌态度偏好及其蕴藏的心理驱动因素。与之不同的是，本章旨在探索两种品牌定位战略对消费者深层次心理过程（感知相似性、整体社会联系感）及与品牌并不存在直接关联的消费决策（从众倾向）的影响，同时对影响上述效应的边界条件进行探索。这拓展了本土品牌定位和全球品牌定位的概念内涵，为该研究领域提供了新颖视角和方向。

其次，通过揭示本土定位和全球定位在消费者心理过程中的关键差异，本研究回应了基于品牌定位展开更深入研究的呼吁（Schuiling 和 Kapferer，2004；Özsomer，2012）。现有文献已经表明，不同品牌定位战略均具有竞争优势。例如，本土品牌定位通常与本土文化遗产关联，往往被消费者认为具有可信度和真实性(Schuiling 和 Kapferer，2004)。然而，只有少数研究尝试探索本土定位和全球定位对消费者一般性心理过程的潜在影响。例如，De Vries 和 Fennis(2020)便发现，相对于全球定位，本土定位会促使消费者采用较低解释水平的思维方式。延续这样的研究思路，本研究进一步揭示出本土定位和全球定位在引起消费者感知相似性和整体社会联结感上的差异，展现了本土定位不同于全球定位的又一关键心理内涵。

最后，本研究将品牌定位作为新的因变量，丰富了我们对消费者从众行为的现有理解。以往研究已经探讨了影响消费者从众行为的多种因素，同时涵盖个体特征和情境线索两个方面。具体地，个体特征包括稳定因素，如个性(Berger 和 Heath，2007)、自恋(De Bellis 等，2016)和权力距离信念(Qin 和 Wang，2023)等。情境线索则包括怀旧情绪(Fan 等，2020)、环境温度(Huang 等，2014)和座位安排形状(Zhu 和 Argo，2013)等。然而，很少有研究探讨品牌层面的特征如何影响消费者的从众倾向。本研究通过展示品牌定位战略(本土 vs. 全球)如何影响消费者从众倾向，进一步丰富了该领域的研究。

二、实践意义

本研究为企业基于其品牌决定何时及如何实施本土或全球定位提供了具体的管理指引。一方面，我们的研究结果表明，国际营销人员应考虑根据其产品组合类型而制定最佳的品牌定位策略。具体地，生产大众化商品(即体现出消费者从众倾向)的企业可以考虑为其品牌建立本土定位。例如，FlexiSpot 作为来自中国的人体工学家居品牌，在进军美国市场时，通过采用符合当地语言习惯的品牌名称、适应当地消费者习惯的产品设计，在广告中使用本土演员，以及与当地的库存和分销渠道合作，成功地满足了大众化的需求，并最终获取了巨大的市场成功。相反地，那些制造满足独特需求产品的企业则应该考虑实施全球品牌定位策略。例如彩妆品牌 Fenty Beauty主要以拥有罕见肤色的少数族裔女性为目标客户。该品牌推出了"为所有人塑造美丽(Beauty for All)"的品牌口号，彰显了其全球性及包容性的品牌定位，同样获得了消费者认可。

另一方面，如果品牌现有的定位策略与其拥有的产品定位并不兼容，本研究的主要发现也能够为营销管理者提供相应的管理建议。正如文献所示，营销管理者可以通过强调特定的术语、形象和故事主题而情境性地传递全球定位或本土定位信息（Gammoh 等，2011；Westjohn 等，2012；Westjohn 等，2016）。因此，尽管为品牌确立全球性或本土性的定位战略属于长期决策，但营销人员仍可以通过特定沟通手段强化与其产品定位（即大众 vs. 小众）相适配的品牌定位信息。更进一步地，我们还发现相似性聚焦可以削弱本土定位对消费者从众倾向的积极影响。该发现同样为营销人员提供了可行的管理工具。具体地，即使品牌的定位面向全球，营销管理者仍然能够在传播沟通中情境性地塑造消费者关于共性和联系的重视，以激活其相似性聚焦，增强消费者对大众化产品的偏好。华为的品牌口号"构建万物互联的智能世界"便是典型实例之一。

三、局限性和未来研究方向

本研究仍存在一些不足，应该在未来研究中予以考虑和完善。首先，本研究为了证明品牌定位信息能延续到随后与品牌无关的产品选择任务中，采用了材料阅读任务来操作本土定位和全球品牌定位。虽然这种方法作为临时改变消费者思维方式的技术被广泛使用（Wyer 和 Xu，2010；Xu 和 Wyer，2012），但还存在其他情绪性操作品牌定位的方法，如通过让被试阅读虚拟广告（Wesjohn 等，2012，2016）或完成相应写作任务（De Vries 和 Fennis，2020）等。此外，在实际消费情境中，营销人员也能够采用多种方式来传达品牌定位信息，如广告牌、在线广告链接等。这会导致品牌定位信息可能与其他情境线索交织在一起，如拥挤程度和室内温度，共同影响消费者的产品选择（Xu 等，2012；Huang 等，2014）。因此，未来研究应通过实地研究或其他更为创新的方法，以更好地模拟真实消费情境，对品牌定位对消费者从众倾向的关系做进一步验证，从而提升研究结论的外在效度和实际指引价值。

其次，未来研究还可以采用其他方式对消费者从众倾向进行刻画，对本章的主要发现做再次验证。在本章的实验中，遵循以往文献的做法，我们通过让被试表明自己关于大众选项和小众选项的相对偏好和直接选择，对从众倾向进行衡量（Huang 等，2014；Wan 等，2014；Fan 等，2020）。事实上，还可以通过改变产品外观的视觉独特程度(Belleza 等,2014;He 等,2022),或是提供关于产品供给的信息(充足 vs. 稀缺)(Lynn 和 Harris,1997;Qin 和 Wang,2023)来操作产品体现从众倾向的程度。因此,未来研究还可以考虑采用这些实验任务,对品牌定位和消费者从众倾向之间的关系做进一步验证。

最后,实验 3 还表明:对于那些具有相似性聚焦的消费者,本土(vs. 全球)定位甚至会削弱消费者的从众倾向。更为关键的是,社会联结感的中介作用只体现在那些不具有相似性聚焦的消费者中。这些发现表明,未来研究需进一步探究在相似性聚焦条件下,本土定位负向影响消费者从众倾向的深层机制。事实上,以往研究已经指出,消费者关于全球品牌所持有的潜在关键联想还包括"一致性(same everywhere)"(Dimofte 等,2008)。因此,相似性聚焦可能会驱使消费者更加清晰地意识到全球定位蕴藏的这种联想,从而感受到该定位对自身独特性的威胁,进而强化其从众倾向(White 和 Argo,2011)。未来研究可以对这种理论解释做进一步探索和验证。

第六章
借助情绪线索传递品牌价值观

对于在国际市场上开展营销活动的品牌而言,他们已经越来越意识到抽象品牌意义的重要性。2013年,WTO和OECD在联合发布的"全球贸易测算新方法——附加值贸易测算法"倡议中强调了象征意义在品牌形象构建中的核心作用,被认为它是获取额外溢价的基本方式之一(Park等,1986)。品牌意义的构建过程往往会融入价值观(如TOMS鞋的"买一捐一"捐赠项目)、动机(如劳力士的品牌口号"卓越标准")和情感(如可口可乐的品牌口号"品味感觉")等元素,以塑造品牌在消费者心中的可信度。事实上,BrandZ在2014年发布的报告显示,那些能够传达消费者美好愿望(即通过特定目标来表征其抽象品牌意义)的品牌,往往会具备更为雄厚的基于消费者的品牌资产。然而,尽管抽象品牌意义获得了广泛认可,关于如何利用这些品牌意义来增强品牌资产的具体操作指引却相对有限。

从营销学角度来看,抽象品牌意义可以被正式归类为"抽象品牌概念",其正式定义是指由品牌的属性、利益和营销努力转化而来的"独特抽象含义"(Park等,1986,1991)。品牌概念既可以表现为品牌的具体有形属性,也可以体现为抽象无形内涵(Keller,1993),后者被认为比前者更能引起消费者的积极反应(Monga和John,2010)。有趣的是,对抽象品牌概念的研究虽然有限,但主要集中在如何在重大但不常见的品牌决策中更好地利用这些概念。例如,在Torelli等(2012)的开创性工作中,抽象品牌概念被进一步表征和阐述为人类价值观(Schwartz,1992)。研究者进一步证明,跨国公司应考虑品牌概念与不同国家消费者的文化取向之间的兼容性。同样地,Torelli等(2011)还专门调查了品牌概念对消费者关于企业社会责任(CSR)活动评价的影响。然而,现有研究主要关注的是那些需要巨大营销努力的特定情境(如品牌延伸、国际营销活动、企业社会责任活动)。除此之外,很少有研究探讨如何在相对日常的一般性营销情境(如广告、店内促销)中恰当地嵌入既定品牌概念。

因此,本章试图识别有助于抽象品牌概念形成积极消费者反应的情境线索和个体因素。根据以往文献,情绪与个体目标的"动机倾向匹配(orientation matching)"将产生积极结果(Bosmans 和 Baumgartner,2005;Labroo 和 Rucker,2010)。考虑到价值观实质上是指"个体生活中的优先目标"(Schwartz,1992),我们认为以人类价值观为表征的品牌概念也能够与偶发情绪(incidental emotions)进行匹配。因此,本章的研究问题是,品牌概念如何与偶发情绪共同作用而影响消费者品牌评价。我们提出,根据品牌的既定抽象概念,应该选择激活与其在动机上相匹配的偶发情绪,从而帮助消费者在处理品牌概念相关信息时形成流畅体验,最终提升他们对于品牌的整体评价。与此同时,我们还探究个体因素(即解释水平)在上述过程中发挥的调节作用,以进一步揭示上述效应的潜在机制。我们证明,偶发情绪和抽象品牌概念对消费者品牌评价的共同影响不会在低解释水平的消费者中出现。综上所述,本章研究表明,借助一般营销情境中常见且易于操作的情境线索,抽象品牌概念的积极作用能够被进一步放大,最终有利于增强基于消费者的品牌资产。

本章的结构安排如下:在接下来的部分,我们将阐述理论背景,同时提出主要假设。随后,我们将进行两次前测,以确定后续实验中使用的刺激材料。之后,我们通过三项正式实验验证上述假设。最后,我们讨论本章的理论贡献和实践意义。

第一节　文献回顾与研究假设

一、以人类价值观表征品牌概念

人类价值观是人们作为生活指导原则所使用的理想终极状态的抽象表征(Schwartz,1992)。换言之,价值观是超越具体情境的评判标准,涵盖对行为和事件的选择或理由以及关于自我和他人的评估(Kluckhohn,1951;

Rokeach，1973）。因此，价值观在本质上也是一种动机（Schwartz 和 Bilsky，1987，1990）。事实上，人类追求实现的基本需求可分为个体需要（即个体作为一般生物的需求）和集体需要（即为了确保生存与福利需要而融入社会互动和群体交往的需求）。根据这两种基本需要，Schwartz 和 Boehnke（2004）进一步提出了 11 项概念内容不同的基本人类价值观范畴，各自对应着特定的抽象目标，从而形成一系列连续的动机。

　　由于个人不能同时追求所有价值观，他们按照这些动机能否被同时实现的程度，按圆形排列这些范畴，相兼容的价值观彼此靠近，不兼容的价值观则直接对立。随后，这些价值观范畴又被划分成四类高阶价值观维度，最终形成两极对立（个体关注和集体关注）的基本人类价值观框架（见图 6-1）。因此，从 11 个价值观范畴产生的四类高阶价值观维度也形成了两种基本且两极对立的概念关系：一方面，"保守"维度（即顺从、传统与安全）和"乐于改变"维度（即自我导向和刺激）——体现了人们在不确定经历中追求个人思想及情感与服从传统及稳定之间的冲突。另一方面，"自我超越"维度（即关注自然/社会关注和仁慈）和"自我提升"维度（即成就和权力）——阐明了增

图 6-1　Schwartz 和 Boehnke 的人类价值观框架（2004）

强自身利益（如个人成功、对他人的支配）与提升他人和自然的福祉之间的矛盾。享乐主义则被单独列出，因为它同时具有乐于改变和自我提升的概念意涵。

人类价值观可以用来表征品牌的抽象概念（Torelli 等，2012）。例如，苹果公司以其著名的品牌口号"Think different"与独立和创造力相关联，属于刺激的价值范畴。事实上，抽象品牌概念可以基于 Schwartz 的人类价值观基本框架进行系统分类（Torelli 等，2012）。此外，由于品牌概念可以自发且无意识地激活消费者的动机和目标（Fitzsimons 等，2008），之前讨论的在动机上的冲突和兼容同样也体现在以人类价值观进行表征的品牌概念中（Torelli 等，2012）。换言之，企业的营销活动不应该传递与现有品牌概念相冲突的价值观内涵，否则会引起消费者的负面评价。例如，奢侈品牌（体现自我提升的价值概念）不太适合进行社会责任活动（具有与前者相对立的自我超越价值概念）（Torelli 等，2011）。在这项早期工作的基础上，我们预期与品牌无关的外在线索，即偶发情绪，也应该与品牌概念在潜在动机倾向上进行匹配，从而正向提升消费者品牌评价。在接下来的部分，我们首先阐述情绪的动机特征，然后试图构建情绪与品牌概念之间的理论联系。

二、基于价值观的情绪类型

情绪同样与动机相关（Ellsworth 和 Scherer，2003）。根据情绪的功能和评价理论（Frijda，1988；Keltner 和 Gross，1999），特定情绪状态的形成源于"实现某一特定与情绪有关目标过程中涉及的机会或障碍"（Nelissen 等，2007），甚至可以作为与目标相关问题（如生理及社会生存需要）的基本解决方案来指导个体行为（Tooby 和 Cosmides，1990；Plutchik，1991）。因此，可以概括地说，情绪与动机密切相关（Nelissen 等，2007）。

鉴于人类价值观明确了指导人们行为的抽象目标，以往研究对情绪和人类价值观之间的关联进行了全面研究。例如，Tamir 等（2016）将人类价值观看作情绪映射的基本框架。该框架首先根据动机的内容和方向划分了四种高阶价值观维度。具体地，乐于改变与保守被归为"调节变化价值观（change-regulating values）"，因为两者蕴含的动机都与期望或不期望达成的目标和结果相关联（Higgins，1997；Leikas 等，2009）；自我提升和自我超越则被总结为"调节自我价值观（self-regulating values）"，因为它们体现的动机倾向往往涉及与自我或他人的交互过程（Markus 和 Kitayama，1991）。与此同时，还可以基于参与程度对这些价值观维度进行划分：乐于改变和自我超越分别体现了期望结果和他人的积极参与；保守代表对不期望结果的消极规避，自我提升则反映了社会性回避的基础（Tamir 等，2016）。基于这样的分类，具备特定价值观的个体往往会渴望与该价值观蕴含动机一致的体验（Nelissen 等，2007；Tamir 等，2016）。换言之，我们也可以基于这个与动机相关的基本框架，对情绪类型做进一步检查与分类。

与情绪相关的研究为这种观点提供了理论支持。基于人们思维中的情感联想网络（affective associative networks），不同情绪通过评价主题（appraisal themes）而被组织和连接在一起（Bower，1981），而评价主题则蕴藏着认知评估和行为决策中所需的潜在动机（Lerner 和 Keltner，2000）。具体地，以往文献主要探究的是两种情绪特征：趋近取向/趋避取向（Bosmans 和 Baumgartner，2005）和自我相关性/他人相关性（Agrawal 等，2007）。前者类似于"调节变化价值观（change-regulating values）"，将情绪与成就追求（如悲伤和兴奋）和保护动机（如焦虑和平和）进行关联（Higgins，1997；Raghunathan 和 Pham，1999）。后者则涉及具体情绪在反映个体需求（如骄傲和高兴）或他人需要（如爱和共情）上的程度变化（Markus 和 Kitayama，1991；Agrawal 等，2007），体现了与"调节自我价值观（self-regulating values）"相同的动机内容。综上，我们提出，情绪特征与高阶价值观维度在动机内容和动机方向上存在关联。

三、将情绪与以人类价值观为表征的品牌概念进行匹配

根据上述推理，本研究的主要前提是，情绪特征和以人类价值观为表征的品牌概念可以共享兼容的动机取向。在此基础上，我们旨在进一步探索品牌情境中的价值观与情绪线索的动机匹配效果。

从情绪研究的角度来看，与个人情绪特征相匹配的信息更有可能被激活或处理（Bower，1981），因为它们看起来与个体的联系更为相关（Agrawal 等，2007）。换言之，特定的情绪体验会驱使个体对与该情绪相匹配的动机含义变得更加敏感（Labroo 和 Rucker，2010）。此外，情绪与人类价值观之

间的关系是相互和双向的（Nelissen 等，2007）。因此，不仅由某种人类价值观而驱动的行为（如成就）会引发特定情绪体验（如自豪），频繁体验某种情绪（如兴奋）也可能导致特定价值观（如激励）的重要程度被凸显。换言之，情绪线索反过来也能够激活与其在动机上匹配的人类价值观的联想。

　　将这些概念拓展到品牌情境中，我们进一步提出，当情绪和品牌概念在动机上相匹配时，偶发情绪可以促进消费者对品牌概念的信息处理。该论点是基于目标流畅性（goal fluency）相关研究而提出的（Freitas 等，2002；Lee 和 Aaker，2004；Labroo 和 Lee，2006）。作为直接证据，如果消费者在观看具有趋避动机的广告（如灭虱洗发水）后，再观看体现趋近动机的广告（如使头发丝滑的护发素），则会感受到不流畅的信息处理过程（Labroo 和 Lee，2006）。这种在信息处理上的抑制是由两则广告中所涉及的动机冲突而引起的。信息处理过程的难易程度本身会引起消费者关于评价目标的积极或消极反应（Lee 和 Aaker，2004）。综合而言，两则连续呈现的广告中品牌信息框架在动机目标上的匹配关系引发了消费者流畅的信息体验过程，从而提升了其品牌态度评价（Labroo 和 Lee，2006）。

　　根据这些研究发现，我们预测：当偶发情绪与以人类价值观为表征的品牌概念在动机目标上匹配时，消费者关于品牌概念信息的处理过程将会更加流畅，进而形成更为积极的品牌评价。相反地，如果品牌概念和消费者当前情绪状态在动机目标上彼此冲突，则会引发不流畅的信息处理过程，导致消费者给予更为消极的品牌评价。基于前文论述（Tamir 等，2016），我们将在实验 1A 和实验 2 中聚焦于体现自我相关性/他人相关性差异的情绪（即骄傲、爱和共情）（Aaker 和 Williams，1998；Cavanaugh 等，2015），而在实验 1B 中则关注反映趋近取向/趋避取向差异的情绪（即兴奋和平和）（Higgins，1997；Bosmans 和 Baumgartner，2005）。据此，本章提出以下假设。

　　H1：偶发情绪和品牌概念在动机上的匹配会引发消费者积极的品牌评价。

　　具体来说：

　　H1a：对于具有自我提升概念的品牌，相较于体现他人相关性的偶发情绪，体现自我相关性的偶发情绪更容易激发消费者对于品牌的积极评价，反之亦然；

H1b：对于具有乐于改变概念的品牌，相较于趋避倾向的偶发情绪，体现趋近倾向的偶发情绪更容易激发消费者对于品牌的积极评价。反之亦然。

我们进一步提出，处理品牌概念信息时的流畅体验是由偶发情绪和品牌概念的相互作用形成的。因此，本章提出以下假设。

H2：信息处理流畅性对于偶发情绪和品牌概念对消费者品牌评价的共同影响存在中介作用。

四、解释水平的调节作用

进一步地，我们援引解释水平理论（construal level theory），通过探索可能的调节变量，对主要发现的理论机制展开更为深入的探索。根据解释水平理论，个体能够对环境中的刺激进行不同抽象程度的表征与建构（Vallacher 和 Wegner，1987；Trope 和 Liberman，2003）。与具体思维方式（即低解释水平）相比，抽象思维方式（即高心理解释水平）与更高层次的目标和概念相关，促使人们以更简单、脱离具体情境、连贯且系统的方式来解读各类事件或行为（Liberman 等，2002；Freitas 等，2004；Fujita 和 Han，2009）。研究文献还表明，解释水平通过改变与个体抽象或具体思维方式相匹配的信息偏好，在其判断、决策和行为中发挥着关键作用（Kim 和 John，2008）。

特别地，对抽象目标或具体细节的强调会影响个体对情境中涉及价值观信息的相关性判断（Freitas 等，2004）。Torelli 等（2009）指出，当人们采用抽象思维方式，并聚焦于运用更高层次的动机目标来解释自身行为时，价值观更有可能影响人们的行为；而当个体采用具体思维方式并关注较低层次的动机目标时，上述效应则不明显。换言之，与具备具体思维方式的个体相比，具备抽象思维方式的个体可能更容易接触并采纳与价值观相关的信息内容。

将上述推论拓展到本章的研究问题，与具有具体思维方式的消费者相比，具有抽象思维方式的消费者对以人类价值观为表征的品牌概念信息更敏感，也更可能触及这些信息。主要原因在于，在偶发情绪蕴含特定动机的情况下，抽象思维方式提供了充足的资源，驱动消费者去积极获取与目标动机相一致的信息内容。在这种情况下，抽象品牌概念与偶发情绪之间的匹配影响更有可能体现在具有抽象思维方式的消费者中,通过促进信息处理流畅性而增强他们对品牌的积极评价。换言之,解释水平调节了偶发情绪和品牌概念对信息处理流畅性的共同影响过程。因此,本章提出以下假设。

H3:偶发情绪和品牌概念在动机上对匹配品牌评价的影响作用在高解释水平消费者群体中将被增强。

H4:信息处理流畅性在偶发情绪——品牌概念的动机匹配和解释水平共同影响品牌评价的过程中发挥中介作用。

我们共开展三项实验对上述假设进行检验(概念框架见图6-2)。实验1A和1B采用实际品牌对H1和H2进行验证。具体地,实验1A聚焦的是体现"调节自我价值观"的品牌概念,以及反映自我相关性/他人相关性的情绪(H1a);实验1B则探究体现"调节变化价值观"的品牌概念及体现趋近倾向/趋避倾向的情绪(H1b)。实验2通过采用虚拟品牌,复现实验1A结果,并通过测量消费者特质性解释水平,对H3和H4进行验证。在正式实验前,通过两次前测,我们对实验中使用的刺激材料进行设计和验证。

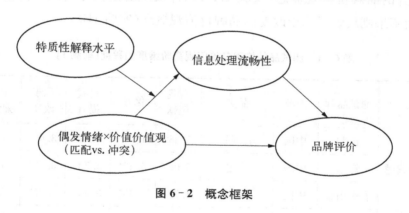

图6-2　概念框架

第二节　前　　测

一、前测1:为实验1A和1B选取真实品牌刺激材料

为了识别能够体现特定品牌概念的真实品牌刺激材料,我们选取了16个真实品牌,涵盖四种高阶价值观维度(Torelli等,2012)。我们从这些品

牌的官方网站上获取了各种品牌信息，涵盖产品描述、品牌故事和广告图片等多种类型，用于提供对品牌所蕴含价值观概念的直接描述。

共有 37 名被试在 Likert 7 点量表上对这些品牌体现自我提升（2 测项：权力和成就，$\alpha=0.78$）、自我超越（3 测项：社会关注、关注自然和仁慈，$\alpha=0.77$）、乐于改变（2 测项：刺激和自我导向，$\alpha=0.70$）以及保守（3 测项：传统、安全和顺从，$\alpha=0.71$）等品牌概念的程度进行评分（Schwartz 和 Boehnke，2004）。我们首先向被试说明了每个品牌概念的含义。为避免顺序效应，所有品牌和对应测项都随机化呈现。被试还依次表明了他们对各个品牌的熟悉程度。

首先，我们排除了四个消费者最不熟悉的品牌（$M=2.70\sim3.81$；1＝非常不熟悉，7＝非常熟悉）。然后我们选择四个品牌进入正式实验。这四个品牌分别能够代表某一特定高阶价值观维度（$M=5.20\sim6.35$）（具体见表6-1）。具体地，伊利体现了自我超越的品牌价值观概念，劳力士体现了自我提升的品牌价值观概念（实验 1A）；六神反映的是保守的品牌价值观概念，而苹果则反映了乐于改变的品牌价值观概念（实验 1B）。

表 6-1　测试品牌体现各价值观高阶维度的程度（前测 1）

	测试品牌	来源	品类	自我超越	保守	自我提升	乐于改变	品牌熟悉度
自我超越	伊利	中国	乳制品	5.36[a]	4.79[b]	3.62[c]	3.65[c]	4.87
	海尔	中国	家电	5.06[a]	5.42[a]	3.73[b]	3.52[b]	4.73
	农夫山泉	中国	饮料	4.72[a]	4.45[a]	3.39[b]	3.35[b]	4.41
保守	六神	中国	日用化学品	4.57[a]	5.20[b]	4.37[a]	3.85[c]	5.28
	云南白药	中国	医药	4.54[ab]	4.71[a]	4.54[ab]	4.17[b]	5.17
	徐福记	中国	食品	5.12[a]	5.15[a]	3.59[b]	3.71[b]	5.46
自我提升	劳力士	瑞士	钟表	3.32[a]	3.28[a]	6.35[b]	5.30[c]	4.48
	路易威登	法国	箱包	3.77[a]	3.46[a]	6.13[b]	5.75[b]	4.32
	保时捷	德国	汽车	3.30[a]	3.26[a]	5.96[b]	5.43[c]	4.09

续　表

	测试品牌	来源	品类	自我超越	保守	自我提升	乐于改变	品牌熟悉度
乐于改变	苹果	美国	消费电子	3.36a	4.03b	5.02c	5.74d	5.52
	佳能	日本	消费电子	3.73a	3.88a	4.91b	5.20b	4.19
	耐克	美国	运动服饰	3.48a	3.72a	5.41b	5.67b	5.22

注：在同一行中，上标字母（a、b 或 c）不相同的单元格在统计学意义上存在显著差异（$p < 0.05$）。

二、前测 2：为实验 2 设计虚拟品牌刺激材料

前测 2 旨在为虚拟品牌 Vesalus 设计启用不同品牌概念的刺激材料。86 名来自 MTurk 的消费者被随机分配到单因素（品牌概念：自我超越 vs. 自我增强）组间实验设计中。在不同条件下，被试都将阅读一则广告。两则广告除了在文字描述上存在差异，在外观设计上均保持相同（见附录 3）。在自我超越组，广告标题为"自然，和平，纯正"，广告文案描述了品牌致力于传递自我超越价值观的详细理念。在自我提升组，广告标题则为"成就，声望，尊贵"，广告文案描述了品牌致力于传递自我提升价值观的详细理念。

阅读信息后，被试在 7 点量表上评估 Vesalus 体现自我提升（$\alpha = 0.85$）和自我超越（$\alpha = 0.88$）品牌概念的程度。同时，被试还对广告的可信度（1＝完全不可信，7＝非常可信）、可读性（1＝难以理解，7＝容易理解）、吸引力（1＝一点也没有吸引力/一点也不美观，7＝非常有吸引力/非常美观；$\alpha = 0.78$）和说服力（1＝弱/一点也没有说服力，7＝强/非常有说服力；$\alpha = 0.92$）依次进行评价。最后，被试还会表明他们对 Vesalus 的品牌态度（"好品牌"和"持积极态度"；$\alpha = 0.85$）以及品牌熟悉度（"以前听说过"和"熟悉"；$\alpha = 0.92$）。

独立样本 t 检验结果显示，自我超越组的广告在自我超越价值观上的得分高于自我提升组的广告（$M_{自我提升} = 3.69$，SD $= 1.36$ vs. $M_{自我超越} = 5.48$，SD $= 1.20$；$t(84) = 6.41$，$p < 0.001$）。而在自我提升价值观的评分上，前者则显著低于后者（$M_{自我提升} = 4.99$，SD $= 1.62$ vs. $M_{自我超越} = 4.99$，SD $=$

1.62；$t(84)=4.20$，$p<0.001$）。被试在广告的可信度、可读性、吸引力、说服力、品牌熟悉度以及品牌态度等的评价上均没有体现显著的组间差异（$ps>0.21$）。

第三节　实　验　1A

一、研究方法

来自上海一所公立大学的 103 名大学生（63％为女性）参加了这项实验室实验。被试被随机分配到 2（偶发情绪：骄傲 vs. 同情）×2（品牌概念：自我提升 vs. 自我超越）的双因素组间实验设计。在正式实验开始前，被试会被告知，他们需要完成两个表面上无关的实验任务。

第一个任务借鉴 Tiedens 和 Linton（2001）的做法，用以情境性激活骄傲（体现自我相关性）或共情（体现他人相关性）情绪。被试被要求回忆并写下一件在生活中让他们感到骄傲或共情的事情。我们根据先前文献向被试提供关于特定情绪的详细解释，以确保被试能够正确理解任务指示（Weiner，1986；Wondra 和 Ellsworth，2015）。被试有 5 到 10 分钟时间完成这项写作任务。在完成写作后，被试在 7 点 Likert 量表上表明他们当下感受到骄傲（"骄傲的""自信的"和"激动的"；$\alpha=0.66$）和共情（"感动的""温暖的"和"充满感情的"；$\alpha=0.67$）的程度（Aaker 和 Williams，1998）。同时，我们还测量了被试当下的唤醒水平（1＝非常不兴奋的，7＝非常兴奋的）和情绪效价（1＝消极的，7＝积极的）。

接下来，被试将随机看到一则品牌广告。根据前测 1，劳力士和伊利分别体现了自我提升和自我超越的品牌概念。在阅读品牌广告信息后，被试表明自己的品牌评价（$\alpha=0.83$；1＝低质的/非常不好/非常消极/非常不喜欢/负面/非常不吸引人，7＝高质的/非常好/非常积极/非常喜欢/正面/非常吸引人）（Swaminathan 等，2007）。我们还对被试在阅读品牌广告材料过程中感受到的信息处理流畅性进行了测量（$\alpha=0.97$；1＝非常难理解/非常难处理，7＝非常容易理解/非常容易处理）（Sundar 和 Noseworthy，2014；Labroo 和 Lee，2006）。作为操作检验，我们还测量了品牌概念和所激活偶发情绪在动机上的匹配程度($\alpha = 0.61$；1=相互不兼容的/相互不一致的，7=相互兼容的/相互一致的)(Torelli 和 Ahluwalia，2012)。被试还表明他们对相应品牌的熟悉程度(1 测项)以及购买该品类产品时的卷入程度(1=不重要的/与我不相关的/对我无意义的，7=重要的/与我相关的/对我有意义的)。后续分析会将品牌熟悉度和产品卷入度作为控制变量。最后，被试回答人口统计学问题。

二、分析和结果

（一）操作检验

我们以骄傲情绪的评价分数为因变量，以偶发情绪、品牌概念及其交互项为自变量，进行 2×2 方差分析。分析结果显示，回忆骄傲事件的被试比回忆共情事件的被试感到更加自豪($M_{骄傲} = 5.23$，SD$= 0.94$ vs. $M_{共情} = 4.69$，SD$= 1.36$；$F(1, 97) = 4.74$，$p < 0.05$)。类似地，对共情情绪的评价分数进行分析，回忆共情事件的被试会给予更高评分($M_{骄傲} = 4.58$，SD$= 1.05$ vs. $M_{共情} = 5.29$，SD$= 1.21$，$F(1, 97) = 10.82$，$p < 0.001$)。其他交互效应和主效应均不显著。此外，对效价水平和唤醒水平进行类似的方差分析，依旧没有得到显著结果($ps > 0.43$)。因此，对偶发情绪的操作达到预期效果。

为了确认对动机匹配性的操作是成功的，我们还以动机匹配程度为因变量，以偶发情绪、品牌概念及其交互项为自变量，再次进行方差分析。结果显示，仅品牌概念和偶发情绪之间具有显著的交互效应($F(1, 97) = 9.97$，$p < 0.01$)。其中，自我超越—共情组比自我超越—骄傲组在动机匹配程度上的得分显著更高($M_{自我超越-骄傲} = 4.54$，SD$= 1.31$ vs. $M_{自我超越-共情} = 5.36$，SD$= 1.07$；$F(1, 97) = 5.94$，$p < 0.05$)。与此同时，自我提升—骄傲组则比自我提升—共情组在动机匹配程度上的得分显著更高($M_{自我提升-骄傲} = 5.08$，SD$= 1.06$ vs. $M_{自我提升-共情} = 4.30$，SD$= 1.14$；$F(1, 97) = 4.10$，$p < 0.05$)。

（二）品牌评价

为了验证 H1a，我们对品牌评价分数同样进行 2×2 方差分析。结果只揭示了显著的交互作用($F(1, 97) = 9.52$，$p < 0.01$)。品牌概念($F(1,$

97)=2.18，n. s.)和偶发情绪($F(1，97)=0.05$，n. s.)的主效应均不显著。后续数据分析则表明：对于体现自我提升概念的品牌(劳力士)，骄傲组被试比共情组被试更倾向于给予积极的品牌评价($M_{骄傲}=5.42$，SD=0.74 vs. $M_{共情}=4.89$，SD=0.57；$F(1，97)=4.06$，$p<0.05$)；对于具有自我超越概念的品牌(伊利)，骄傲组被试的品牌评价则显著低于共情组被试($M_{骄傲}=5.05$，SD=0.73 vs. $M_{共情}=5.54$，SD=0.85；$F(1，97)=5.49$，$p<0.05$)。换言之，H1a得到验证(见图6-3)。

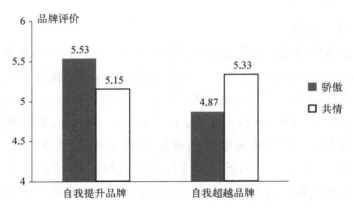

图6-3　偶发情绪和品牌概念对消费者品牌评价的影响(实验1A)

（三）信息处理流畅性的中介作用

以信息处理流畅性为因变量的方差分析同样只揭示了品牌概念和偶发情绪的显著交互作用($F(1，97)=7.47$，$p<0.01$)。与品牌评价的结果一致，简单效应分析显示，在评价体现自我提升概念的品牌(劳力士)时，骄傲组被试比共情组被试更倾向于体验到信息处理流畅性($M_{骄傲}=5.44$，SD=1.30 vs. $M_{共情}=4.74$，SD=1.17；$F(1，97)=4.25$，$p<0.05$)；对于体现自我超越概念的品牌(伊利)，骄傲组被试感知到的信息处理流畅性则显著低于共情组($M_{骄傲}=4.92$，SD=1.28 vs. $M_{共情}=5.92$，SD=0.79；$F(1，97)=11.46$，$p<0.01$)。

进一步地，采用PROCESS程序对信息处理流畅性的中介作用进行检验(模型7；Hayes，2017)。在正式进行分析前，对品牌概念(−1=自我提升，1=自我超越)和偶发情绪(−1=骄傲，1=共情)分别进行编码。在样本量选择为 5 000,95％置信区间下,信息处理流畅性在品牌概念和偶发情绪对品牌评价的共同影响中发挥中介作用,其置信区间不包括 0(95％ CI＝[0.105 0,0.676 9])。具体地,无论是评价体现自我提升概念的品牌(95％ CI:[－0.416 7,－0.003 8])还是评价体现自我超越概念的品牌(95％ CI:[0.000 1,0.383 9]),信息处理流畅性均发挥中介作用,对应置信区间均不包括 0。综上,H2 得到验证。

第四节 实 验 1B

一、研究方法

来自上海一所公立大学的 92 名大学生(37％为女性)参加了这项实验室实验。被试被随机分配到 2(偶发情绪:兴奋 vs. 平和)×2(品牌概念:乐于改变 vs. 保守)的双因素组间实验中。在正式实验开始前,被试会被告知,他们需要完成两个表面上无关的实验任务。为了情境性激活特定的情绪,我们要求被试回忆并写下一件生活中让他们感到兴奋或平和的事情。在完成写作后,被试在 7 点 Likert 量表上表明他们当下感受到平和("冷静的"和"镇定的";$\alpha=0.85$)和兴奋("兴奋的"和"激动的";$\alpha=0.83$)情绪的程度(Agrawal 等,2007)。同时,我们还测量了被试当下的唤醒水平(1＝未被唤醒的动,7＝兴奋的/唤醒的)和情绪效价(1＝负面,7＝正面)。

接下来,被试将随机看到一则品牌广告。根据前测 1,苹果和六神分别体现了乐于改变和保守的品牌概念。与实验 1A 相同,在阅读品牌广告信息后,被试依次表明自己的品牌评价($\alpha=0.83$)、信息处理流畅性($\alpha=0.79$)、感知动机匹配程度($\alpha=0.73$)、品牌熟悉度和产品卷入度($\alpha=0.92$)。最后,被试回答人口统计学问题。品牌熟悉度和产品卷入度将作为控制变量纳入后续分析。

二、分析和结果

(一)操作检验

我们以兴奋情绪的评价分数为因变量,以偶发情绪、品牌概念及其交互项为自变量，进行方差分析。结果显示，回忆兴奋事件的被试比回忆平和事件的被试感到更加兴奋（$M_{平和}=3.12$，SD$=1.29$ vs. $M_{兴奋}=5.45$，SD$=1.28$；$F(1,86)=70.42$，$p<0.001$）。类似地，对平和情绪的评价分数进行分析，回忆平和事件的被试会给予更高评分（$M_{平和}=5.56$，SD$=1.08$ vs. $M_{兴奋}=3.38$，SD$=1.43$；$F(1,86)=62.23$，$p<0.001$）。其他主效应均不显著。此外，与以往理论一致，偶发情绪对唤醒水平存在显著主效应（$M_{平和}=3.17$，SD$=1.61$ vs. $M_{兴奋}=5.70$，SD$=1.40$；$F(1,86)=62.17$，$p<0.001$），说明兴奋比平和具有更高的唤醒水平（Agrawal 等，2007）。对效价水平进行的方差分析则未揭示任何显著影响（$ps>0.20$）。总体上，对偶发情绪的操作与预期一致。

为了确认对动机匹配性的操作是成功的，我们还以动机匹配程度为因变量，以偶发情绪、品牌概念及其交互项为自变量，再次进行方差分析。结果仅显示了品牌概念和偶发情绪的显著交互效应（$F(1,86)=32.23$，$p<0.001$）。其中，乐于改变—兴奋组比乐于改变—平和组在动机匹配程度上的得分显著更高（$M_{乐于改变-兴奋}=5.30$，SD$=1.15$ vs. $M_{乐于改变-平和}=3.83$，SD$=1.15$；$F(1,86)=19.52$，$p<0.001$）。与此同时，保守—平和组则比保守—兴奋组在动机匹配程度上的得分显著更高（$M_{保守-平和}=4.96$，SD$=0.98$ vs. $M_{保守-兴奋}=3.83$，SD$=0.93$；$F(1,86)=13.10$，$p<0.001$）。

（二）品牌评价

为了验证 H1b，我们以品牌评价分数为因变量进行方差分析。结果表明，只有品牌概念×偶发情绪具有显著的交互作用（$F(1,86)=13.27$，$p<0.001$）。品牌概念（$F(1,86)=0.02$，n. s.）和偶发情绪（$F(1,86)=0.72$，n. s.）的主效应均不显著。进一步对比表明，对于体现乐于改变概念的品牌（苹果），兴奋组被试比平和组被试更倾向于给予积极的品牌评价（$M_{兴奋}=5.52$，SD$=1.37$ vs. $M_{平和}=4.46$，SD$=1.15$；$F(1,86)=9.14$，$p<0.01$）；对于具有保守概念的品牌（六神），兴奋组的被试的品牌评价则显著低于平和组的被试（$M_{兴奋}=4.69$，SD$=0.76$ vs. $M_{平和}=5.40$，SD$=0.93$；$F(1,86)=4.46$，$p<0.05$）。换言之，H1b 得到验证（见图 6-4）。

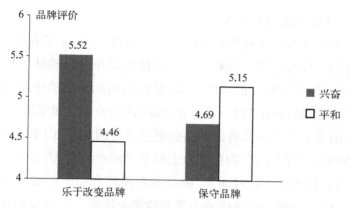

图 6-4 偶发情绪和品牌概念对消费者品牌评价的影响(实验1B)

（三）信息处理流畅性的中介作用

以信息处理流畅性为因变量的方差分析仍只揭示了品牌概念×偶发情绪的显著影响（$F(1,86)=13.67$，$p<0.001$）。简单效应分析进一步显示，在评价体现乐于改变概念的品牌（苹果）时，兴奋组被试比平和组被试更倾向于体验到信息处理流畅性（$M_{兴奋}=5.63$，SD$=1.02$ vs. $M_{平和}=4.86$，SD$=1.08$；$F(1,86)=3.86$，$p<0.05$）；对于体现保守概念的品牌（六神），兴奋组被试感知到的信息处理流畅性则显著低于平和组（$M_{兴奋}=4.35$，SD$=1.45$ vs. $M_{平和}=5.58$，SD$=1.02$；$F(1,86)=12.63$，$p<0.001$）。

进一步地，采用PROCESS程序对信息处理流畅性的中介作用进行检验（模型7；Hayes，2017）。在正式进行分析前，对品牌概念（-1=保守，1=乐于改变）和偶发情绪（-1=平和，1=兴奋）分别进行编码。在样本量选择为5 000，95%置信区间下，信息处理流畅性在品牌概念×偶发情绪对品牌评价的共同影响中发挥中介作用，其置信区间不包括0（95% CI=［0.349 2，1.242 2］）。具体地，无论是评价体现乐于改变概念的品牌（95% CI：［0.178 2，0.758 4］）还是评价体现保守概念的品牌（95% CI：［-0.604 0，-0.117 7］），信息处理流畅性均发挥中介作用，对应置信区间均不包括0。综上，H2再次得到验证。

（四）小结

实验1A和1B的结果验证了我们的主要假设，即偶发情绪与品牌概念之间的动机匹配性确实能促使消费者产生关于品牌的积极反应。信息处理流畅性是上述效应的潜在机制。

　　然而，考虑到两项实验都只采用了真实品牌，上述研究结论可能存在混淆因素。例如，尽管前测 1 和额外的品牌概念操作检验确认了所用品牌刺激材料仅突出体现了特定的高阶价值观维度，但两项实验中采用的品牌均同时涵盖了本地品牌（伊利和六神）和全球品牌（劳力士和苹果）。一种可能的解释是，消费者对全球品牌的产品会更熟悉。因此，他们不太可能受到偶发情绪的影响。类似地，在购买劳力士和苹果的产品时，消费者需要在决策中投入更高的卷入度。相对而言，伊利和六神的产品所需要的消费者卷入度则较低。以上差异同样可能削弱偶发情绪的影响。尽管我们在所有数据分析中都控制了卷入度和品牌熟悉度的影响，但使用相同的虚拟品牌，并配以不同描述文字来操作品牌概念，将会更好地排除以上干扰因素的潜在影响。

　　因此，我们设计了实验 2，通过使用某一虚拟矿泉水品牌对品牌概念进行操作，以再次验证假设 H1 和 H2。更重要的是，进一步探索消费者解释水平是否能够调节上述效应（H3 和 H4）。在实验 2 中，我们聚焦于体现自我相关性/他人相关性的情绪（骄傲 vs. 爱），以及象征"自我调节价值观"的品牌概念（自我超越 vs. 自我提升）。

第五节　实　验　2

一、研究方法

　　来自 MTurk 的 221 名消费者（52％为女性）参加了这项实验。被试被随机分配到 2（偶发情绪：骄傲 vs. 爱）×2（品牌概念：自我提升 vs. 自我超越）的双因素组间实验中。在实验 2 中，我们用爱这种情绪代替实验 1A 中使用的共情。特别地，爱蕴含着体现他人导向的"照顾"内涵，而共情则更多体现了"人际依恋"的意涵。对偶发情绪的操作与实验 1A 中的过程相同，而对爱的界定描述则改编自 Cavanaugh 等（2015）。在完成回忆和写作任务后，被试在 7 点 Likert 量表上表明他们当下感受到骄傲（"骄傲的"和"自信的"；$\alpha=0.70$）和爱（"关爱的"和"有感情的"；$\alpha=0.81$）情绪的程度。随后，被试会进入看上去无关的"新产品测试任务"。该任务旨在对品牌概念进行操作。前测 2 已对所使用刺激材料的有效性进行了验证和确认。具体地,被试需仔细阅读有关新产品的广告,并在阅读材料后回答相关问题。对品牌评价($\alpha = 0.80$)、信息处理流畅性($\alpha = 0.75$)和感知动机匹配程度($\alpha = 0.89$)的测量与实验 1A 和 1B 相同。

特别地,我们使用 Vallacher 和 Wegner(1989)的行为识别表(behavioral identification form)对消费者解释水平进行测量。具体地,我们向被试提供一系列行为的两种替代描述,被试需要选择他们个人认为更为合适的描述选项。对于每对描述,一种描述行为是如何执行的(体现了低解释水平或具体思维方式),而另一种则描述行为为什么被执行(体现了高解释水平或抽象思维方式)。通过汇总被试在所有行为中对体现高解释水平的选项总数,得到其解释水平分数。进一步地,基于该分数的均值对被试进行分组:总分在 15 分及以上的被试被归类为具有更高的解释水平,也即更倾向于采用抽象思维方式;总分在 14 分及以下的被试则被归类为具有更低的解释水平,也即更倾向于采用具体思维方式。最后,被试回答人口统计学问题。

二、分析和结果

(一)操作检验

我们以骄傲情绪的评价分数为因变量,以偶发情绪、品牌概念及其交互项为自变量,进行方差分析。结果显示,回忆骄傲事件的被试比回忆爱事件的被试感到更加骄傲($M_{骄傲} = 5.49$,SD $= 1.28$ vs. $M_{爱} = 3.87$,SD $= 1.61$; $F(1, 217) = 68.14$,$p < 0.001$)。类似地,对爱情绪的评价分数进行分析,回忆爱事件的被试会给予更高评分($M_{骄傲} = 4.43$,SD $= 1.40$ vs. $M_{爱} = 6.06$,SD $= 1.19$; $F(1, 217) = 86.68$,$p < 0.001$)。其他主效应则均不显著。总体上,对偶发情绪的操作与预期一致。

为了确认对动机匹配性的操作是成功的,我们还以动机匹配程度为因变量,以偶发情绪、品牌概念及其交互项为自变量,再次进行方差分析。结果仅显示品牌概念×偶发情绪的显著影响($F(1, 217) = 9.14$,$p < 0.01$)。具体地,对于具有自我提升概念的品牌,骄傲组被试感知到的动机匹配程度比爱组被试要显著更高($M_{骄傲} = 4.52$,SD $= 1.47$ vs. $M_{爱} = 3.92$,SD $=$

1.50；$F(1，217)=4.54$，$p<0.05$）。与此同时，对于具有自我超越概念的品牌，爱组被试则比骄傲组被试在动机匹配程度上的得分显著更高（$M_{骄傲}=4.43$，$SD=1.46$ vs. $M_{爱}=5.03$，$SD=1.46$；$F(1，217)=4.60$，$p<0.05$）。换言之，对动机匹配程度的操作与我们预期一致。

（二）品牌评价

我们以品牌评价分数为因变量进行 $2×2×2$ 方差分析。结果表明，仅有品牌概念×偶发情绪×解释水平对品牌评价存在显著的三因素交互影响（$F(1，213)=5.91$，$p<0.05$）。具体地，品牌概念和偶发情绪的交互作用在高解释水平被试中仍然显著存在（$F(1，213)=9.98$，$p<0.01$）。简单效应分析则进一步表明（见图 6-5a），在高解释水平被试中：与爱组被试相比，骄傲组被试给予具有自我提升概念的品牌的评价更为积极（$M_{骄傲}=4.60$，$SD=1.12$，$M_{爱}=4.00$，$SD=1.30$，$F(1，213)=4.50$，$p<0.05$）。同样地，在评价具有自我超越概念的品牌时，与骄傲组被试相比，爱组被试的品牌评价则更为积极（$M_{骄傲}=4.43$，$SD=1.17$，$M_{爱}=5.07$，$SD=0.96$，$F(1，213)=5.80$，$p<0.05$）。

相反地，品牌概念和偶发情绪的交互作用在低解释水平被试中被削弱。品牌概念×偶发情绪的交互作用不显著（$F(1，213)=0.24$，n. s.）。简单效应进一步表明（见图 6-5b），无论对于具有哪种概念的品牌而言，偶发情绪对品牌评价的主效应均不显著（自我提升：$M_{骄傲}=4.63$，$SD=0.91$，$M_{爱}=4.79$，$SD=0.99$，$F(1，213)=0.32$，n. s.；自我超越：$M_{骄傲}=4.80$，$SD=0.92$，$M_{爱}=4.83$，$SD=0.91$，$F(1，213)=0.01$，n. s.）。综上，解释水平的调节作用得到验证。H3 得到支持。

（三）信息处理流畅性的中介作用

以信息处理流畅性为因变量的方差分析显示，品牌概念×偶发情绪×解释水平的三因素交互作用达到统计学意义上的显著水平（$F(1，213)=7.39$，$p<0.01$）。进一步地，品牌概念×偶发情绪的交互作用在高解释水平被试中依旧达到显著水平：在评价具有自我提升概念的品牌时，相较于激活爱这种情绪，激活骄傲情绪更能让被试体验到更高的信息处理流畅性（$M_{骄傲}=4.99$，$SD=1.15$ vs. $M_{爱}=3.97$，$SD=1.41$；$F(1，213)=5.93$，$p<0.05$）；而在评价具有自我超越概念的品牌时，相较于激活骄傲情绪，激

活爱则更能让被试体验到更高的信息处理流畅性（$M_{骄傲}=4.32$，SD$=1.21$ vs. $M_{爱}=5.19$，SD$=1.19$；$F(1,213)=6.22$，$p<0.05$）。

相反地，品牌概念×偶发情绪的交互作用在低解释水平被试中不显著（$F(1,213)=0.10$，n. s.）。简单效应进一步表明，无论评价的是具有哪种概念的品牌，偶发情绪对品牌评价的主效应均不显著（自我提升：$M_{骄傲}=4.63$，SD$=0.91$ vs. $M_{爱}=4.79$，SD$=0.99$；$F(1,213)=2.56$，n. s.；自我超越：$M_{骄傲}=4.80$，SD$=1.15$ vs. $M_{爱}=4.38$，SD$=1.23$；$F(1,213)=1.49$，n. s.）。

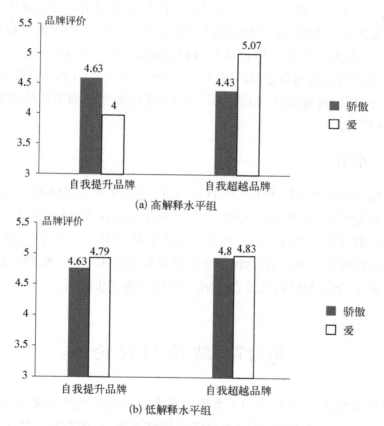

图 6-5　消费者解释水平的调节作用（实验 2）

为了进一步确定信息处理流畅性对品牌评价的解释作用，采用 PROCESS 程序进行调节中介分析（模型 11；Hayes，2017）。在正式进行分析前,对品牌概念(-1=自我提升,1=自我超越)和偶发情绪(-1=骄傲, 1=爱)进行编码。在样本量选择为 5 000,95% 置信区间下,对于高解释水平被试,信息处理流畅性在品牌概念×偶发情绪对品牌评价的共同影响中发挥中介作用,其置信区间不包括 0(95% CI=[0.135 7,0.879 4])。对于低解释水平被试,信息处理流畅性则不发挥中介作用,其置信区间包括 0 (95% CI=[-0.213 6,0.224 1])。

具体地,对于高解释水平被试,无论评价对象是具有自我提升概念的品牌(95% CI=[-0.523 5, -0.050 2]),还是具有自我超越概念的品牌(95% CI=[0.044 8, 0.428 3]),信息处理流畅性在偶发情绪影响品牌评价的过程中均发挥中介作用,对应置信区间均不包含 0。然而,对于低解释水平被试,信息处理流畅性在评价自我提升概念的品牌(95% CI=[-0.287 4, 0.020 2])和自我超越概念的品牌(95% CI=[-0.305 0, 0.052 2])时均不发挥中介作用,其置信区间包括 0。综上,解释水平的调节作用再次被验证。H4 得证。

三、小结

实验 2 的结果支持了 H3 和 H4。尽管当品牌概念和偶发情绪之间存在动机匹配性时,消费者会更倾向于给予积极品牌评价,但上述效应只体现在具有高解释水平的被试中。在低解释水平被试中,品牌概念和偶发情绪的动机匹配效应会被削弱。此外,实验 2 也尝试使用虚拟品牌刺激材料,对本研究的主效应(H1)和其潜在机制(H2)完成进一步验证。

第六节 结论与讨论

以往研究表明,可以运用人类价值观来表征抽象品牌概念(Torelli 等, 2011, 2012)。在本章中,我们通过实证研究表明,品牌在传达以人类价值观表征的抽象品牌概念时,应该考虑偶发情绪的重要作用。激发与特定品牌概念在动机特征上匹配的对应偶发情绪线索,能够有效提升消费者对于品牌的积极评价。值得注意的是,这种积极影响不仅体现在"调节自我价值观"的品牌概念及反映自我相关性/他人相关性的情绪上(实验1A和实验2),还反映在体现"调节变化价值观"的品牌概念及体现趋近倾向/趋避倾向的情绪上(实验1B)。我们还在上述实验中进一步揭示了信息处理流畅性的中介作用。进一步地,品牌概念和偶发情绪在动机特征匹配性对品牌评价的影响,只体现在倾向于以图式化方式理解事件的高解释水平消费者中(实验2)。

一、理论贡献

本研究具有若干理论贡献。首先,先前的品牌研究已经表明,抽象品牌概念相比基于功能属性的品牌形象更能引起消费者的积极反应(Park等,1991;Monga和John,2010)。然而,关于如何利用抽象品牌概念的相关益处来提升品牌资产,目前研究仍相对有限(Torelli等,2011,2012)。事实上,该研究问题是非常重要的。特别在本研究的所有实验中,我们发现品牌概念的主效应均不显著。这说明,为品牌建立价值观本身并不能产生积极品牌评价。我们的研究对这一新兴研究主题作出了初步贡献,揭示了情境因素(即偶发情绪)和个体因素(即解释水平)本身不受品牌固有特征的约束。换言之,我们的发现表明,即使是微不足道的线索,也可以用来构建基于消费者的品牌资产。

其次,本研究还促进了对价值观和情感之间关系的理解。已有文献表明,人们倾向于体验与自身价值观一致的情感(Nelissen等,2007;Tamir等,2016)。例如,对自我超越价值观的重视可能导致个体表现出更强烈的信任需求,而自我提升价值观则可能增加人们对愤怒情绪的需求(Tamir等,2016)。在本章的实验中,我们首先激活了偶发情绪,随后再呈现品牌概念信息。该顺序与以往研究中价值观与情绪的呈现顺序不同。换言之,我们可以进一步推测,激活偶发情绪线索会情境性强化个体对与之相匹配的价值观相关信息的处理需求。

再次,本研究为情绪文献提供了更为丰富的实证支持。以往研究主要关注特定情绪的具体特征如何影响消费者后续判断(Raghunathan和Pham,1999;Lerner和Keltner,2000)。虽然先前研究已经探讨了广告特征与情绪特征之间的兼容性,如情绪效价(Raghunathan和Trope,2002)、情感内容（Kim 等，2010）、调节聚焦倾向（Bosmans 和 Baumgartner，2005）等，但还没有研究系统地从人类价值观的视角出发，或是在品牌情境中考量情绪特征的重要作用。本研究则首次尝试证明，与潜在动机目标相关联的偶发情绪可以促进消费者对被表征为人类价值观的品牌概念信息进行处理，进而提升消费的品牌评价。

最后，本研究关于过程机制的发现，还为信息处理流畅性的相关研究作出了贡献。以往研究已经证明，按照先后顺序依次呈现具有相同调节聚焦导向（regulatory focus）的品牌信息有助于消费者形成流畅的信息处理体验（Labroo 和 Lee，2006）。类似地，情境性地向消费者呈现蕴含相同抽象概念的品牌信息，也能让消费者感受到信息处理流畅性（Torelli 等，2011）。我们的研究则显示，偶发情绪本身也隐含着内在动机倾向。在激活相应情绪线索后，再呈现与该内在动机相匹配的品牌概念信息，同样能够促使消费者形成流畅的信息处理体验。此外，解释水平在本研究主效应中发挥的边界作用，为本研究探讨的理论机制提供了进一步支持。换言之，偶发情绪和品牌概念在抽象意义（即价值观或目标）上的联系，是形成信息处理流畅性的重要基础。

二、实践意义

从管理角度来看，本研究的主要发现为市场营销人员在消费者中建立抽象品牌概念提供了切实可行的实践指导。首先，营销管理人员应该意识到，品牌概念的接受程度依赖于消费者的情绪状态。在设计旨在向消费者传达特定品牌概念的广告或其他说服信息时，应在展示品牌概念信息之前，仔细选择并激活与该品牌概念在动机特征上一致的适当情绪，以便消费者更好地处理并理解这些信息，进而提升关于品牌的态度评价。

其次，品牌经理还应在实施营销活动之前或期间，细致考虑可能涉及的情绪线索，并决定是否需要突出已经确立的抽象品牌概念。例如，当中国运动员在奥运会中获得奖牌后，整个国家往往都沉浸在骄傲的情绪氛围中。此时，国内知名品牌通常会投放广告。然而，对于伊利（品牌口号是"滋养生命活力"）和海尔（品牌口号为"海尔智慧家居，定制美好生活"）等具有突出自我超越价值概念的品牌而言，此时开展营销活动并非良策。相反地，在营销实践中,品牌往往在此时会选择凸显其自我提升价值观的抽象概念,如"与伊利携手,冠军品质"等口号。此外,体现保守价值观品牌概念的广告,则往往只在奥运会开始前进行大规模发布。

最后,当已有品牌概念和由特定情境激活的偶发情绪存在动机特征上的不一致时,我们的研究结论还可以帮助营销经理减轻由此带来的消极影响。具体地,我们发现,品牌概念和偶发情绪的匹配效应在低解释水平的消费者中并不存在。因此,在营销沟通活动中,通过情境性地激活具体思维方式(即强调较近的物理距离或时间距离),企业能够规避当前情绪线索与既定品牌概念存在的动机特征不匹配而带来的负面后果。对应地,情境性地激活抽象思维(即强调较远的物理距离或时间距离)则有助于放大外部情绪线索在借助品牌概念提升消费者品牌评价过程中的积极作用。

三、局限性和未来研究方向

本研究仍存在若干不足,需在未来研究时做进一步探索。首先,所有研究中使用的因变量是关于品牌的态度评价。在未来研究中,可以探究本章的研究发现是否在更"实际"的行为结果(如购买行为或溢价支付行为)上仍然存在。

其次,仅有实验 1B 对趋近取向/趋避取向情绪和体现"调节变化价值观"品牌概念之间的匹配效应展开研究。因此,对该实验的主要发现应该审慎地采纳。事实上,未来研究可以基于虚拟品牌对相关结论做进一步探究,以排除潜在混淆因素的干扰,如产品卷入度和品牌熟悉度。

再次,本研究仅选择了两到三种具体情绪来验证品牌概念和偶发情绪之间的匹配关系。尽管这种方法在情绪文献中并不罕见(Bosmans 和 Baumgartner,2005;Agrawal 等,2007),未来研究还应该考虑通过探究更多体现趋近取向/趋避取向(如放松、激情)或自我相关性/他人相关性(如信任、同情)的其他情绪,以拓展本研究的外在效度。此外,可以采用类似 Tamir 等(2016)的做法,通过发放调查问卷,对消费者在日常生活中体验到的多种具体情绪,以及他们关于体现不同价值观概念的品牌的整体态度进行同时测量。这种方法能够使我们同时检验不同情绪和品牌概念之间的匹配关系,为本章的结论提供更为全面的理论认识和实证证据。

　　最后，实验 2 测量的是消费者特质性解释水平。同时，我们基于被试在解释水平上的平均分数进行分组，手动构建了高解释水平组和低解释水平组。未来研究应考虑采用思维操作任务（Torelli 等，2009），进一步明确解释水平对偶发情绪和品牌概念匹配效应的调节作用。此外，还可以从更实际的角度来对解释水平的边界条件进行探索。例如，考虑操作与解释水平相关的市场营销变量（如在广告内容或广告主题中隐晦地嵌入对解释水平的操作任务），从而为企业提供更为具体广泛的管理指引。

参考文献

［1］郭晓凌,谢毅,王彬,等. 文化混搭产品的消费者反应研究［J］. 管理科学,2019,32(4)：130－144.

［2］郭晓凌,张逸聪,刘浩. 中国传统与现代文化混搭产品的消费者态度研究——一个有调节的双中介模型［J］. 国际商务(对外经济贸易大学学报),2022,3：140－156.

［3］郭晓凌,张银龙,康莹仪. 发达国家消费者如何评价来自新兴发展中国家的全球品牌——基于全球认同与当地认同视角的分析［J］. 营销科学学报,2014,10(1)：52－66.

［4］何佳讯. 全球品牌化研究回顾：构念、脉络与进展［J］. 营销科学学报,2013,9(4)：1－19.

［5］何佳讯,吴漪,谢润琦. 中国元素是否有效：全球品牌全球本土化战略的消费者态度研究——基于刻板印象一致性视角［J］. 华东师范大学学报(哲学社会科学版),2014,46(5)：131－145＋182.

［6］黄海洋,何佳讯. 全球品牌中国元素战略对消费者态度影响的中介与调节作用研究［J］. 管理学报,2021,18(10)：1543－1552.

［7］黄海洋,何佳讯. 融入中国元素：文化认同对全球品牌产品购买可能性的影响机制研究［J］. 外国经济与管理,2017,39(4)：84－97.

［8］黄海洋,何佳讯,朱良杰. 全球品牌混合定位战略有效性的影响机制研究［J］. 管理学报,2019,16(2)：238－248.

［9］冉雅璇,卫海英. 互动仪式链视角下的品牌危机修复机制研究［J］. 营销科学学报,2015,11(2)：18－33.

［10］王新新,刘伟. 试论市场营销中真实性问题研究的缘起、主要内容与未来方向［J］. 外国经济与管理,2010,32(7)：31－39.

［11］徐伟,王新新.商业领域"真实性"及其营销策略研究探析［J］.外国经济与管理,2012,34(6)：57－65.

［12］姚鹏,王新新.弱势企业并购后品牌战略与消费者购买意向关系研究——基于品牌真实性的视角［J］.营销科学学报,2014,10(1)：97－111.

［13］Aaker D A, Joachimsthaler E. Lure of Global Branding［J］. Harvard Business Review，1999，77(6)：137－144.

［14］Aaker D A. Managing Brand Equity［M］. New York：The Free Press，1991.

［15］Aaker D A. Measuring Brand Equity Across Products and Markets ［J］. California Management Review，1996，38(3)：102－120.

［16］Aaker J L，Patti W. Empathy Versus Pride：The Influence of Emotional Appeals Across Cultures［J］. Journal of Consumer Research，1998，25(3)，241－261.

［17］Agrawal N，Menon G，Aaker J L. Getting Emotional About Health ［J］. Journal of Marketing Research，2007，44(1)：100－113.

［18］Ajzen I，Fishbein M. Understanding Attitudes and Predicting Social Behavior［M］. London：Prentice-Hall，1980.

［19］Akaka，Melissa，Archpru，et al. Global Brand Positioning and Perceptions.［J］. International Journal of Advertising，2010，29(1)：37－56.

［20］Alden，Dana，L，et al. The Effect of Global Company Animosity on Global Brand Attitudes in Emerging and Developed Markets：Does Perceived Value Matter? ［J］. Journal of International Marketing，2013，21(2)：17－38.

［21］Alden D L，Steenkamp J B E，Batra R. Consumer Attitudes Toward Marketplace Globalization：Structure，Antecedents，and Consequences ［J］. International Journal of Research in Marketing，2006，23(3)，227－239.

［22］Alden D L，Steenkamp J B E M，Batra R. Brand Positioning

Through Advertising in Asia, North America, and Europe: The Role of Global Consumer Culture[J]. The Journal of Marketing, 1999, 63(1): 75 – 87.

[23] Anderson C, Galinsky A D. Power, Optimism, and Risk-taking[J]. European Journal of Social Psychology, 2006, 36(4): 511 – 536.

[24] Ariely G. Global Identification, Xenophobia and Globalisation: A Cross-national Exploration[J]. International Journal of Psychology, 2017, 52(S1): 87 – 96.

[25] Arnett J J. The Psychology of Globalization. [J]. American Psychologist, 2002, 57(10): 774 – 783.

[26] Arnould E J, Price L L. Authenticating Acts and Authoritative Performances. In: Ratneshwar S, Mick D G, Huffman C (eds). The Why of Consumption: Contemporary Perspectives on Consumer Motives, Goals, and Desires[M]. London: Routledge, 2000, 140 – 163.

[27] Arnould E J, Thompson C J. Consumer Culture Theory (CCT): Twenty Years of Research[J]. Journal of Consumer Research, 2005, 31(4): 868 – 882.

[28] Avnet T, Higgins E T. Locomotion, Assessment, and Regulatory fit: Value Transfer from "How" to "What" [J]. Journal of Experimental Social Psychology, 2003, 39(5): 525 – 530.

[29] Baron R M, Kenny D A. The Moderator-mediator Variable Distinction in Social Psychological Research: Conceptual, Strategic, and Statistical Considerations[J]. Journal of Personality and Social Psychology, 1986, 51(6): 1173 – 1182.

[30] Bartsch F, Riefler P, Diamantopoulos A. A Taxonomy and Review of Positive Consumer Dispositions toward Foreign Countries and Globalization[J]. Journal of International Marketing, 2016, 24(1): 82 – 110.

[31] Batra R, Wu Y. Global Citizenship and Reactance[J]. International

Marketing Review，2019，36(5)，628 - 632.

[32] Baumeister R F，Leary M R. The Need to Belong：Desire for Interpersonal Attachments as a Fundamental Human Motivation. [J]. Psychological Bulletin，1995，117(3)：497 - 529.

[33] Bellezza S，Gino F，Keinan A. Red Sneakers Effect：Inferring Status and Competence from Signals of Nonconformity[J]. Journal of Consumer Research，2014，41(1)：35 - 54.

[34] Benet-Martinez V，Leu J，Lee F，et al. Negotiating Biculturalism [J]. Journal of Cross-Cultural Psychology，2002，33(5)：492 - 516.

[35] Berger J，Heath C. Where Consumers Diverge from Others：Identity Signaling and Product Domains[J]. Journal of Consumer Research，2007，34(2)，121 - 134.

[36] Berger J，Heath C. Where Consumers Diverge from Others：Identity Signaling and Product Domains[J]. Journal of Consumer Research，2007，34(2)：121 - 134.

[37] Berry J W，Kim U，Power S，Young M，Bujaki M. Acculturation Attitudes in Plural Societies[J]. Applied Psychology，1989，38(2)，185 - 206.

[38] Beverland M B. Crafting Brand Authenticity：The Case of Luxury Wine[J]. Journal of Management Studies，2005，42(5)，1003 - 1029.

[39] Beverland M B. Crafting brand authenticity：The case of luxury wines[J]. Journal of Management Studies，2005，42(5)：1003 - 1029.

[40] Beverland M B，Farrelly F J. The Quest for Authenticity in Consumption：Consumers' Purposive Choice of Authentic Cues to Shape Experienced Outcomes[J]. Journal of Consumer Research，2010(5)：838 - 856.

[41] Beverland M B，Lindgreen A，Vink M W. Projecting Authenticity through Advertising[J]. Journal of Advertising，2008，37(1)：

5 - 15.

[42] Bornstein R F, D'Agostino P R. Stimulus Recognition and the Mere Exposure Effect[J]. Journal of Personality and Social Psychology, 1992, 63(4), 545 - 552.

[43] Bosmans A, Baumgartner H. Goal-Relevant Emotional Information: When Extraneous Affect Leads to Persuasion and When It Does Not [J]. Journal of Consumer Research, 2005, 32(3): 424 - 434.

[44] Bower G H. Mood and Memory[J]. American Psychologist, 1981, 36(2): 129 - 148.

[45] Brown S, Kozinets R V, Jr J F S. Teaching Old Brands New Tricks: Retro Branding and the Revival of Brand Meaning[J]. Journal of Marketing, 2003, 67(3): 19 - 33.

[46] Buchan N R, Brewer M B, Grimalda G, et al. Global Social Identity and Global Cooperation[J]. Psychological Science, 2011, 22(6): 821 - 828.

[47] Buchan N R, Grimalda G, Wilson R, et al. Globalization and Human Cooperation[J]. Proceedings of the National Academy of Sciences of the United States of America, 2009, 106(11): 4138 - 4142.

[48] Byrne D. Attitudes and Attraction. In L. Berkowitz (Ed.): *Advances in Experimental Social Psychology* [M]. New York: Academic Press, 1969, 4, 35 - 89.

[49] Cai Y, Wang X. Perceived Unfairness Increases Desire for Unique Products: The Role of Need for Social Status[J]. Psychology & marketing, 2023, 40(3): 469 - 483.

[50] Cameron J. A Three-Component Model of Social Identification[J]. Self and Identity, 2004, 3, 239 - 262.

[51] Cavanaugh L A, Bettman J R, Luce M F. Feeling Love and Doing More for Distant Others: Specific Positive Emotions Differentially Affect Prosocial Consumption[J]. Journal of Marketing Research, 2015, 52(5): 657 - 673.

[52] Cayla J, Arnould E J. A Cultural Approach to Branding in the Global Marketplace[J]. Journal of International Marketing, 2008, 16(4): 86 - 112.

[53] Chabowski B R, Samiee S, Hult G T M. A Bibliometric Analysis of the Global Branding Literature and a Research Agenda[J]. Journal of International Business Studies, 2013, 44, 622 - 634.

[54] Chiu C Y, Cheng S Y Y. Toward a Social Psychology of Culture and Globalization: Some Social Cognitive Consequences of Activating Two Cultures Simultaneously[J]. Social and Personality Psychology Compass, 2007, 1(1), 84 - 100.

[55] Chiu C Y, Gries P, Torelli C J, Cheng S Y Y. Toward a Social Psychology of Globalization. Journal of Social Issues, 2011, 67(4), 663 - 676.

[56] Chiu C Y, Mallorie L, Keh H T, Law W. Perceptions of Culture in Multicultural Space: Joint Presentation of Images from Two Cultures Increases In-Group Attribution of Culture-Typical Characteristics [J]. Journal of Cross-Cultural Psychology, 2009, 40(2), 282 - 300.

[57] Cialdini R B, Goldstein N J. Social Influence: Compliance and Conformity[J]. Annual Review of Psychology, 2004, 55, 591 - 621.

[58] Cleveland M, Laroche M. Acculturaton to the Global Consumer Culture: Scale Development and Research Paradigm[J]. Journal of Business Research, 2007, 60(3): 249 - 259.

[59] Cleveland M, Laroche M, Hallab R. Globalization, Culture, Religion, and Values: Comparing Consumption Patterns of Lebanese Muslims and Christians[J]. Journal of Business Research, 2013, 66(8), 958 - 967.

[60] Craig C S, Douglas S P. Beyond National Culture: Implications of Cultural Dynamics for Consumer Research[J]. International Marketing Review, 2006, 23(3): 322 - 342.

[61] Dawar N, Parker P. Marketing Universals: Consumers' Use of

Brand and Retailer Reputation Appearance, as Signals of Product Quality[J]. Journal of Marketing, 1994, 58(2): 81 - 95.

[62] De Bellis E, Sprott D E, Herrmann A, et al. The Influence of Trait and State Narcissism on the Uniqueness of Mass-Customized Products[J]. Journal of Retailing, 2016, 92(2): 162 - 172.

[63] Der-Karabetian A, Ruiz Y. Affective Bicultural and Global-Human Identity Scales for Mexican-American adolescents. [J]. Psychological Reports, 1997, 80(3): 1027 - 1039.

[64] De Vries E L E D, Fennis B M. Go Local or Go Global: How Local Brands Promote Buying Impulsivity[J]. International Marketing Review, 2020, 37(1): 1 - 28.

[65] Dimofte C V, Johansson J K, Bagozzi R P. Global Brands in the United States: How Consumer Ethnicity Mediates the Global Brand Effect[J]. Journal of International Marketing, 2010, 18(3), 81 - 106.

[66] Dimofte C V, Johansson J K, Ronkainen I A. Cognitive and Affective Reactions of U. S. Consumers to Global Brands[J]. Journal of International Marketing, 2008, 16(4): 113 - 135.

[67] Durvasula, Srinivas, Lysonski, et al. Impedance to Globalization: The Impact of Economic Threat and Ethnocentrism. [J]. Journal of Global Marketing, 2006, 19(3 - 4): 9 - 32.

[68] Dutordoir M, Verbeeten F H M, de Beijer D. Stock Price Reactions to Brand Value Announcements: Magnitude and Moderators[J]. International Journal of Research in Marketing, 2015, 32 (1), 34 - 47.

[69] Edwards J R, Lambert L S. Methods for Integrating Moderation and Mediation: A General Analytical Framework Using Moderated Path Analysis. [J]. Psychological Methods, 2007, 12(1): 1 - 22.

[70] Einhorn B. China Is Really Big. Its Brands, Not So Much[J]. Bloomberg Business Week, 2012, 30(7): 19 - 20.

[71] Eisingerich A B, Rubera G. Drivers of Brand Commitment: A Cross-National Investigation[J]. Journal of International Marketing, 2010, 18(2): 64 - 79.

[72] Ellsworth P C, Scherer K R. Appraisal Processes in Emotion. In: Davidson R J, Scherer K R, Goldsmith H H (eds). Handbook of Affective Sciences[M]. New York: Oxford University Press, 2003, 572 - 595.

[73] Erdem T, Swait J, Valenzuela A. Brands as Signals: A Cross-Country Validation Study[J]. Journal of Marketing, 2006, 70(1): 34 - 49.

[74] Fan Y, Jiang J, Hu Z. Abandoning Distinctiveness: The Influence of Nostalgia on Consumer Choice[J]. Psychology & Marketing, 2020, 37(10), 1342 - 1351.

[75] Fischer M, Vlckner F, Sattler H. How Important Are Brands? A Cross-Category, Cross-Country Study [J]. Journal of Marketing Research, 2010, 47(5): 823 - 839.

[76] Fishbein M, Ajzen I. Belief, Attitude, Intention and Behavior: An Introduction to Theory and Research [M]. Reading: Addison-Wesley, 1975.

[77] Fiske S T, Cuddy A J, Glick P. Universal Dimensions of Social Cognition: Warmth and Competence [J]. Trends in Cognitive Sciences, 2007, 11(2), 77 - 83.

[78] Fitzsimons G M, Chartrand T L, Fitzsimons G J. Automatic Effects of Brand Exposure on Motivated Behavior: How Apple Makes You 'Think Different'[J]. Journal of Consumer Research, 2008, 35(1), 21 - 35.

[79] Flynn F J, Reagans R E, Amanatullah E T, et al. Helping One's Way to the Top: Self-monitors Achieve Status by Helping Others and Knowing Who Helps Whom [J]. Journal of Personality and Social Psychology, 2006, 91(6): 1123 - 1137.

［80］Freitas A L, Gollwitzer P, Trope Y. The Influence of Abstract and Concrete Mindsets on Anticipating and Guiding Others' Self-regulatory Efforts［J］. Journal of Experimental Social Psychology, 2004, 40(6): 739 - 752.

［81］Freitas A L, Liberman N, Higgins E T. Regulatory Fit and Resisting Temptation during Goal Pursuit［J］. Journal of Experimental Social Psychology, 2002, 38(3): 291 - 298.

［82］Frijda N H. The Laws of Emotion［J］. The American psychologist, 1988, 43(5): 349 - 358.

［83］Fujita K, Annahan H. Moving Beyond Deliberative Control of Impulses: The effect of Construal Levels on Evaluative Associations in Self-control Conflicts［J］. Psychological Science, 2009, 20(7): 799 - 804.

［84］Gammoh B S, Koh A C, Okoroafo S C. Consumer Culture Brand Positioning Strategies: An Experimental Investigation［J］. Journal of Product & Brand Management, 2011, 20(1): 48 - 57.

［85］Gao H, Mittal V, Zhang Y. The Differential Effect of Local-Global Identity Among Males and Females: The Case of Price Sensitivity ［J］. Journal of Marketing Research, 2020, 57(1): 173 - 191.

［86］Gao H, Zhang Y, Mittal V. How Does Local-global Identity Affect Price Sensitivity? ［J］. Journal of Marketing, 2017, 81(3): 62 - 79.

［87］Gelfand M J, Lyons S L, Lun J. Toward a Psychological Science of Globalization［J］. Journal of Social Issues, 2011, 67(4): 841 - 853.

［88］Ger G. Localizing in the Global Village: Local Firms Competing in Global Markets［J］. California Management Review, 1999, 41(4): 64 - 83.

［89］Gineikiene J, Schlegelmilch B B, Ruzeviciute R. Our Apples are Healthier than Your Apples: Deciphering the Healthiness Bias for Domestic and Foreign Products［J］. Journal of International Marketing, 2016, 24(2): 80 - 99.

［90］ Godard R，Holtzman S. Finding Similar Others Online：Predictors of Social Support Outcomes in Online Communities for Multiracial People［J］. Current Psychology，2023，5，1 - 14.

［91］ Gonzalez-Fuentes M. Millennials' National and Global Identities as Drivers of Materialism and Consumer Ethnocentrism［J］. Journal of Social Psychology，2019，159(2)，170 - 189.

［92］ Grayson K，Martinec R. Consumer Perceptions of Iconicity and Indexicality and Their Influence on Assessments of Authentic Market Offerings［J］. Journal of Consumer Research，2004，31(2)：296 - 312.

［93］ Gürhan-Canli Z，Sarial-Abi G，Hayran C. Consumers and Brands Across the Globe：Research Synthesis and New Directions［J］. Journal of International Marketing，2018，26(1)：96 - 117.

［94］ Grimalda G，Buchan N，Brewer M. Social Identity Mediates the Positive Effect of Globalization on Individual Cooperation：Results from International Experiments［J］. PloS one，2018，13（12）：e0206819.

［95］ Grinstein A，Riefler P. Citizens of the (Green) World? Cosmopolitan Orientation and Sustainability［J］. Journal of International Business Studies，2015，46(6)，694 - 714.

［96］ Guo，Xiaoling. Living in a Global World：Influence of Consumer Global Orientation on Attitudes Toward Global Brands from Developed versus Emerging Countries［J］. Journal of International Marketing，2013，21(1)：1 - 22.

［97］ Hanko K，Crusius J，Mussweiler T. When I and Me Are Different：Assimilation and Contrast in Temporal Self-comparisons［J］. European Journal of Social Psychology，2010，40(1)：160 - 168.

［98］ Harush R，Lisak A，Erez M. Extending the Global Acculturation Model to Untangle the Culture Mixing Puzzle［J］. Journal of Cross-Cultural Psychology，2016，47(10)：1395 - 1408.

[99] Hayes A F. Introduction to Mediation, Moderation, and Conditional Process Analysis: A Regression-Based Approach[M]. New York: Guilford publications, 2013.

[100] He D, Jiang Y, Gorn G J. Hiding in the Crowd: Secrecy Compels Consumer Conformity[J]. Journal of Consumer Research, 2022, 48(6): 1032 - 1049.

[101] Higgins E T. Beyond Pleasure and Pain[J]. American Psychologist, 1997, 52(12): 1280 - 1300.

[102] Hofstede G H. Culture's Consequences: Comparing Values, Behaviors, Institutions and Organizations Across Nations [J]. Behaviour Research and Therapy, 2001, 41(7): 861 - 862.

[103] Hollis N. The Global Brand[M]. New York: Palgrave Macmillan, 2008.

[104] Holt D B, Quelch J A, Taylor E L. How Global Brands Compete [J]. Harvard Business Review, 2004, 82(9), 68 - 75.

[105] Hsieh M H. Identifying Brand Image Dimensionality and Measuring the Degree of Brand Globalization: A Cross-National Study. [J]. Journal of International Marketing, 2002, 10(2): 46 - 67.

[106] Hsieh M H. Measuring Global Brand Equity Using Cross-National Survey Data[J]. Journal of International Marketing, 2004, 12(2), 28 - 57.

[107] Huang X, Zhang M, Hui M K, Wyer R S. Warmth and Conformity: The Effects of Ambient Temperature on Product Preferences and Financial Decisions [J]. Journal of Consumer Psychology, 2014, 24(2): 241 - 250.

[108] Jain K, Srinivasan N. An Empirical Assessment of Multiple Operationalizations of Involvement. In: Advances in Consumer Research[C]. Goldberg M, Gorn G, Polly R (eds). Provo, UT: Association for Consumer Research, 1990, 17, 594 - 602.

[109] Jiang L, Hoegg J, Dahl D W, Chattopadhyay A. The Persuasive

Role of Incidental Similarity on Attitudes and Purchase Intentions in a Sales Context[J]. Journal of Consumer Research, 2010, 36(5), 778 – 791.

[110] Johansson J K, Dimofte C V, Mazvancheryl S K. The Performance of Global Brands in the 2008 Financial Crisis: A Test of Two Brand Value Measures [J]. International Journal of Research in Marketing, 2012, 29, 235 – 245.

[111] Kapferer J N. Strategic Brand Management: Advanced Insights and Strategic Thinking[M]. London: Kogan Page, 2012.

[112] Keillor B D, Hult G T M, Erffmeyer R C, Babakus E. NATID: The Development and Application of a National Identity Measure for Use in International Marketing [J]. Journal of International Marketing, 1996, 4(2), 57 – 73.

[113] Keller K L. Conceptualizing, Measuring, and Managing Customer-Based Brand Equity[J]. Journal of Marketing, 1993, 57(1): 1 – 22.

[114] Keller K L. Strategic Brand Management: Building, Measuring, and Managing Brand Equity (4th)[M]. New Jersey: Prentice Hall, 2013.

[115] Keltner D, Gross J J. Functional Accounts of Emotions [J]. Cognition and Emotion, 1999, 13(5): 467 – 480.

[116] Kim H, John D R. Consumer Response to Brand Extensions: Construal Level as a Moderator of the Importance of Perceived Fit [J]. Journal of Consumer Psychology, 2008, 18(2), 116 – 126.

[117] Kim H, John D R. Consumer Response to Brand Extensions: Construal Level as a Moderator of the Importance of Perceived Fit [J]. Journal of Consumer Psychology, 2008, 18(2): 116 – 126.

[118] Kluckhohn C. Values and Value-Orientations in the Theory of Action: An Exploration in Definition and Classification. In: Parsons T, Shils E A (eds). Toward a General Theory of Action[M]. Cambridge, MA: Harvard University Press, 1951, 388 – 433.

[119] Kolbl Ž, Arslanagic-Kalajdzic M, Diamantopoulos A. Stereotyping Global Brands: Is Warmth More Important Than Competence? [J]. Journal of Business Research, 2019, 104, 614 – 621.

[120] Kumar N, Steenkamp J B E M. Brand Breakout — How Emerging Market Brands Will Go Global [M]. New York: Palgrave Macmillan, 2013.

[121] Labroo A A, Lee A Y. Between Two Brands: A Goal Fluency Account of Brand Evaluation. [J]. Journal of Marketing Research, 2006, 43(3): 374 – 385.

[122] Labroo A A, Rucker D D. The Orientation-Matching Hypothesis: An Emotion-Specificity Approach to Affect Regulation[J]. Journal of Marketing Research, 2010, 47(5): 955 – 966.

[123] Leary M R, Kelly K M, Cottrell C A, Schreindorfer L S. Construct Validity of the Need to Belong Scale: Mapping the Nomological Network[J]. Journal of Personality Assessment, 2013, 95 (6): 610 – 624.

[124] Lee A Y, Aaker J L. Bringing the Frame into Focus: The Influence of Regulatory Fit on Processing Fluency and Persuasion[J]. Journal of Personality and Social Psychology, 2004, 86(2), 205 – 218.

[125] Lee R M, Robbins S B. Measuring Belongingness: The Social Connectedness and the Social Assurance Scales[J]. Journal of Counseling Psychology, 1995, 42(2): 232 – 241.

[126] Lee R M, Robbins S B. The Relationship between Social Connectedness and Anxiety, Self-esteem, and Social Identity[J]. Journal of Counseling Psychology, 1998, 45(3): 338 – 345.

[127] Leigh T W, Peters C, Shelton J. The Consumer Quest for Authenticity: The Multiplicity of Meanings within the MG Subculture of Consumption [J]. Journal of the Academy of Marketing Science, 2006, 34(4): 481 – 493.

[128] Leikas S, Lönnqvist J E, Verkasalo M, Lindeman M. Regulatory

Focus Systems and Personal Values[J]. European Journal of Social Psychology, 2009, 39(3): 415 - 429.

[129] Lerner J S, Keltner D. Beyond Valence: Toward a Model of Emotion-Specific Influences on Judgement and Choice[J]. Cognition & Emotion, 2000, 14(4): 473 - 493.

[130] Levitt T. The Globalization of Markets[J]. Harvard Business Review, 1983, 61(May/June), 92 - 102.

[131] Liberman N, Sagristano M D, Trope Y. The Effect of Temporal Distance on Level of Mental Construal[J]. Journal of Experimental Social Psychology, 2002, 38(6), 523 - 534.

[132] Lin Y C, Wang K Y. Local or Global Image? The Role of Consumers' Local-Global Identity in Code-Switched Ad Effectiveness Among Monolinguals[J]. Journal of Advertising, 2016, 45(4): 482 - 497.

[133] Lun M C, Bond M H. Achieving Relationship Harmony in Groups and Its Consequence for Group Performance[J]. Asian Journal of Social Psychology, 2006, 9(3): 195 - 202.

[134] Lynn M, Harris J. The Desire for Unique Consumer Products: A New Individual Differences scale[J]. Psychology and Marketing, 1997, 14(6): 601 - 616.

[135] Madden T J, Roth M S, Dillon W R. Global Product Quality and Corporate Social Responsibility Perceptions: A Cross-National Study of Halo Effects[J]. Journal of International Marketing, 2012, 20(1): 42 - 57.

[136] Mandler T, Bartsch F, Han C M. Brand Credibility and Marketplace Globalization: The Role of Perceived Brand Globalness and Localness[J]. Journal of International Business Studies, 2021, 52(8): 1559 - 1590.

[137] Markus H R, Kitayama S. Culture and the Self: Implications for Cognition, Emotion, and Motivation[J]. Psychological Review,

1991, 98(2): 224 - 253.

[138] Mcfarland S, Webb M, Brown D. All Humanity Is My Ingroup: A Measure and Studies of Identification With All Humanity [J]. Journal of Personality and Social Psychology, 2012, 103(5): 830 - 853.

[139] Monga A B, John D R. What Makes Brands Elastic? The Influence of Brand Concept and Styles of Thinking on Brand Extension Evaluation[J]. Journal of Marketing, 2010, 74(3): 80 - 92.

[140] Morhart F, Mälar L, Guèvremont A, Girardin F, Grohmann B. Brand Authenticity: An Integrative Framework and Measurement Scale[J]. Journal of Consumer Psychology, 2015, 25(2), 200 - 218.

[141] Motameni R, Shahrokhi M. Brand Equity Valuation: A Global Perspective[J]. Journal of Product and Brand Management, 1998, 7(4): 275 - 290.

[142] Mussweiler T. 'Seek and Ye Shall Find': Antecedents of Assimilation and Contrast in Social Comparison [J]. European Journal of Social Psychology, 2001, 31(5): 499 - 509.

[143] Nai J, Narayanan J, Hernandez I, Savani K. People in More Racially Diverse Neighborhoods are More Prosocial[J]. Journal of Personality and Social Psychology, 2018, 114(4): 497 - 515.

[144] Napoli J, Dickinson S J, Beverland M B, Farrelly F. Measuring Consumer-Based Brand Authenticity [J]. Journal of Business Research, 2014, 67(6), 1090 - 1098.

[145] Nelissen R M, Dijker A J, de Vries N K. Emotions and Goals: Assessing Relations Between Values and Emotions[J]. Cognition and Emotion, 2007, 21(4), 902 - 911.

[146] Newman G E, Dhar R. Authenticity Is Contagious: Brand Essence and the Original Source of Production[J]. Journal of Marketing Research, 2014, 51(3), 371 - 386.

［147］Ng S，Batra R. Regulatory Goals in A Globalized World［J］. John Wiley & Sons，Ltd，2017，27(2)：270－277.

［148］Ng S，Batra R. Regulatory Goals in a Globalized World. Journal of Consumer Psychology，2017，27(2)，270－277.

［149］Ng S，Faraji-Rad A，Batra R. Uncertainty Evokes Consumers' Preference for Brands Incongruent with their Global-Local Citizenship Identity［J］. Journal of Marketing Research，2021，58(2)：400－415.

［150］Nie X，Yang Z，Zhang Y，Janakiraman N. How Does Global － Local Identity Affect Consumer Preference for Access-Based Consumption? Investigating the Mediating Role of Consumption Openness［J］. Journal of Marketing Research，2022，59(3)，555－577.

［151］Nijssen E J，Douglas S P. Consumer World-Mindedness，Social-Mindedness，and Store Image ［J］. Journal of International Marketing，2008，16(3)，84－107.

［152］Park C，Srinivasan V. A Survey-Based Method for Measuring and Understanding Brand Equity and Its Extendability［J］. Journal of Marketing Research，1994，31(2)，271－288.

［153］Park C W，Jaworski B J，Macinnis D J. Strategic Brand Concept-Image Management［J］. Journal of Marketing，1986，50(4)：135－145.

［154］Park C W，Milberg S，Lawson R. Evaluation of Brand Extensions：The Role of Product Feature Similarity and Brand Concept Consistency［J］. Journal of Consumer Research，1991，18(2)：185－193.

［155］Park H J，Rabolt N J. Cultural Value，Consumption Value，and Global Brand Image：A Cross-national Study［J］. Psychology and Marketing，2009，26(8)：714－735.

［156］Plutchik R. Emotions and Evolution. In：Strongman K T （ed）.

International Review of Studies on Emotion[M]. Chichester, UK: Wiley, 1991, 37 - 58.

[157] Podsakoff P M, Mackenzie S B, Lee J Y, et al. Common Method Biases in Behavioral Research: A Critical Review of the Literature and Recommended Remedies[J]. J Journal of Applied Psychology, 2003, 88(5): 879 - 903.

[158] Pries L. Ambiguities of Global and Transnational Collective Identities[J]. Global Networks, 2013, 13(1), 22 - 40.

[159] Puncheva-Michelotti P, Hudson S, Michelotti M. The Role of Proximity to Local and Global Citizens in Stakeholders' Moral Recognition of Corporate Social Responsibility [J]. Journal of Business Research, 2018, 88(3), 234 - 244.

[160] Qin Y, Wang X. Power Distance Belief and the Desire for Uniqueness [J]. Journal of Business Research, 2023, 160, 113766.

[161] Raghunathan R, Pham M T. All Negative Moods Are Not Equal: Motivational Influences of Anxiety and Sadness on Decision Making [J]. Organizational Behavior and Human Decision Processes, 1999, 79(1), 56 - 77.

[162] Raghunathan R, Pham M T. All Negative Moods Are Not Equal: Motivational Influences of Anxiety and Sadness on Decision Making [J]. Organizational Behavior and Human Decision Processes, 1999, 79(1): 56 - 77.

[163] Reese G, Proch J, Finn C. Identification with All Humanity: The Role of Self-Definition and Self-Investment[J]. European Journal of Social Psychology, 2015, 45(4), 426 - 440.

[164] Renger D, Reese G. From Equality-Based Respect to Environmental Activism: Antecedents and Consequences of Global Identity: Respect and Global Identity[J]. Political Psychology, 2017, 38(5): 867 - 879.

[165] Reysen S, Katzarska-Miller I. A Model of Global Citizenship:

Antecedents and Outcomes ［J］. International Journal of Psychology，2013，48(5)，858－870.

[166] Riefler P. Why Consumers Do (not) Like Global Brands：The Role of Globalization Attitude，GCO and Global Brand Origin［J］. International Journal of Research in Marketing，2012，29(1)：25－34.

[167] Rios K，Fast N J，Gruenfeld D H. Feeling High but Playing Low；Power，Need to Belong，and Submissive Behavior［J］. Personality and Social Psychology Bulletin，2015，41(8)：1135－1146.

[168] Roberts B W，Robins R W. Broad Dispositions，Broad Aspirations：The Intersection of Personality Traits and Major Life Goals［J］. Personality and Social Psychology Bulletin，2000，26(10)：1284－1296.

[169] Rokeach M. The Nature of Human Values. ByMilton Rokeach. New York：Free Press，1973.

[170] Rosenmann A，Reese G，Cameron J E. Social Identities in a Globalized World：Challenges and Opportunities for Collective Action［J］. Perspectives on Psychological Science，2016，11(2)，202－221.

[171] Rose R L，Wood S L. Paradox and the Consumption of Authenticity Through Reality Television［J］. Journal of Consumer Research，2005，32(2)，284－296.

[172] Roth M S. (a) The Effects of Culture and Socioeconomics on the Performance of Global Brand Image Strategies［J］. Journal of Marketing Research，1995，32(2)：163－175.

[173] Roth M S. Depth Versus Breadth Strategies for Global Brand Image Management[J]. Journal of Advertising，1992，21(2)，25－36.

[174] Roth M S. The Effects of Global Market Conditions on Brand Image Customization and Brand Performance[J]. Journal of Advertising，1995，24(4)，55－75.

[175] Russell D W, Russell C A. Here or There? Consumer Reactions to Corporate Social Responsibility Initiatives: Egocentric Tendencies and Their Moderators [J]. Marketing Letters, 2010, 21 (1), 65 - 81.

[176] Ryder A G, Alden L E, Paulhus D L. Is Acculturation Unidimensional or Bidimensional? A Head-to-Head Comparison in the Prediction of Personality, Self-Identity, and Adjustment [J]. Journal of Personality and Social Psychology, 2000, 79(1): 49 - 65.

[177] Schuiling I, Kapferer J N. Real Differences Between Local and International Brands: Strategic Implications for International Marketers[J]. Journal of International Marketing, 2004, 12(4), 97 - 112.

[178] Schwartz S H, Bilsky W. Toward A Universal Psychological Structure of Human Values[J]. Journal of Personality and Social Psychology, 1987, 53(3): 550 - 562.

[179] Schwartz S H, Boehnke K. Evaluating the Structure of Human Values with Confirmatory Factor Analysis[J]. 2004, 38(3): 230 - 255.

[180] Schwartz S H. Universals in the Content and Structure of Values: Theoretical Advances and Empirical Tests in 20 Countries [J]. Advances in Experimental Social Psychology, 1992, 25: 1 - 65.

[181] Shapiro S, MacInnis D J, Heckler S E. The Effects of Incidental Ad Exposure on the Formation of Consideration Sets[J]. Journal of Consumer Research, 1997, 24(1), 94 - 104.

[182] Shimp A, Sharma P. Consumer Ethnocentrism: Construction and Validation of the CETSCALE[J]. Journal of Marketing Research, 1987, 24(3): 280 - 289.

[183] Shocker A D, Srivastava R K, Ruekert R W. Challenges and Opportunities Facing Brand Management: An Introduction to the Special Issue[J]. Journal of Marketing Research, 1994, 31 (2):

149 - 158.

[184] Smith P B, Bond M H, Kagitcibasi C. Understanding Social Psychology: Living and Working in a Changing World [M]. Thousand Oaks, CA: Sage Publications, 2006.

[185] Snider J S, Reysen S, Katzarska-Miller I. How We Frame the Message of Globalization Matters[J]. Journal of Applied Social Psychology, 2013, 43(8): 1599 - 1607.

[186] Spiggle S, Nguyen H T, Caravella M. More Than Fit: Brand Extension Authenticity[J]. Journal of Marketing Research, 2012, 49(6): 967 - 983.

[187] Steenkamp J B E M, Batra R, Alden D L. How Perceived Brand Globalness Creates Brand Value [J]. Journal of International Business Studies, 2003, 34, 53 - 65.

[188] Steenkamp J B E M, Baumgartner H. Assessing Measurement Invariance in Cross-National Consumer Research[J]. Journal of Consumer Research, 1998, 25(1): 78 - 90.

[189] Steenkamp J B E M, De Jong M G. A Global Investigation into the Constellation of Consumer Attitudes Toward Global and Local Products[J]. Journal of Marketing, 2010, 74(6): 18 - 40.

[190] Steenkamp J B E M. Global versus Local Consumer Culture: Theory, Measurement, and Future Research Directions[J]. Journal of International Marketing, 2019, 27(1): 1 - 19.

[191] Stieler M, Germelmann C C. The Ties That Bind Us: Feelings of Social Connectedness in Socio-emotional Experiences[J]. Journal of Consumer Marketing, 2016, 33(6): 397 - 407.

[192] Strizhakova Y, Coulter R A, Price L L. Branding in a Global Marketplace: The Mediating Effects of Quality and Self-identity Brand Signals[J]. International Journal of Research in Marketing, 2011, 28(4): 342 - 351.

[193] Strizhakova Y, Coulter R A, Price L L. The Meanings of Branded

Products: A Cross-national Scale Development and Meaning Assessment [J]. International Journal of Research in Marketing, 2008, 25(2): 82 – 93.

[194] Strizhakova Y, Coulter R A, Price L L. The Young Adult Cohort in Emerging Markets: Assessing Their Glocal Cultural Identity in a Global Marketplace [J]. International Journal of Research in Marketing, 2012, 29(1): 43 – 54.

[195] Strizhakova Y, Coulter R A. The "Green" Side of Materialism in Emerging BRIC and Developed Markets: The Moderating Role of Global Cultural Identity[J]. International Journal of Research in Marketing, 2013, 30(1): 69 – 82.

[196] Strizhakova Y, Coulter R. Consumer Cultural Identity: Local and Global Cultural Identities and Measurement Implications [J]. International Marketing Review, 2019, 36(5): 610 – 627.

[197] Sundar A, Noseworthy T J. Place the Logo High or Low? Using Conceptual Metaphors of Power in Packaging Design[J]. Journal of Marketing, 2014, 78(5): 138 – 149.

[198] Sundar A, Noseworthy T J. Too Exciting to Fail, Too Sincere to Succeed: The Effects of Brand Personality on Sensory Disconfirmation [J]. Journal of Consumer Research, 2016, 43(1): 44 – 67.

[199] Swaminathan V, Page K L, Gürhan-Canli Z. 'My' Brand or 'Our' Brand: The Effects of Brand Relationship Dimensions and Self-Construal on Brand Evaluations[J]. Journal of Consumer Research, 2007, 34(2), 248 – 259.

[200] Swoboda B, Pennemann K, Taube M. The Effects of Perceived Brand Globalness and Perceived Brand Localness in China: Empirical Evidence on Western, Asian, and Domestic Retailers[J]. Journal of International Marketing, 2012, 20(4): 72 – 95.

[201] Tajfel H E. Differentiation Between Social Groups: Studies In The Social Psychology Of Intergroup Relations[M]. London: Academic

Press，1978.

[202] Tamir M，Schwartz S H，Cieciuch J，et al. Desired Emotions across Cultures: A Value-based Account[J]. Journal of Personality and Social Psychology，2016，111(1): 67 - 82.

[203] Tiedens L Z，Linton S. Judgment Under Emotional Certainty and Uncertainty: The Effects of Specific Emotions on Information Processing[J]. Journal of Personality and Social Psychology，2001，81(6), 973 - 988.

[204] Tomlinson J. Globalization and Culture[M]. Chicago: University of Chicago Press，1999.

[205] Tooby J，Cosmides L. The Past Explains the Present: Emotional Adaptations and the Structure of Ancestral Environments [J]. Ethology and Sociobiology，1990，11(4): 375 - 424.

[206] Torelli C J，Ahluwalia R. Extending Culturally Symbolic Brands: A Blessing or a Curse? [J]. Journal of Consumer Research，2012，38(5): 933 - 947.

[207] Torelli C J，Chi-Yue Chiu，Kim-pong Tam，et al. Exclusionary Reactions to Foreign Cultures: Effects of Simultaneous Exposure to Cultures in Globalized Space[J]. Journal of Social Issues，2011，67(4): 716 - 742.

[208] Torelli C J，Monga A B，Kaikati A M. Doing Poorly by Doing Good: Corporate Social Responsibility and Brand Concepts [J]. Journal of Consumer Research，2012，38(5): 948 - 963.

[209] Torelli C J，Ozsomer A，Carvalho S，et al. Brand Concepts as Representations of Human Values: Do Cultural Congruity and Compatibility between Values Matter? [J]. Journal of Marketing，2012，76(4): 92 - 108.

[210] Torelli，Kaikati C J，Andrew M. Values as Predictors of Judgments and Behaviors: The Role of Abstract and Concrete Mindsets[J]. Journal of Personality and Social Psychology，2009，96(1): 231 -

247.

[211] Torres A, Bijmolt T H A, Tribo J A, et al. Generating Global Brand Equity through Corporate Social Responsibility to Key Stakeholders[J]. International Journal of Research in Marketing, 2012, 29(1): 13 – 24.

[212] Triandis, Harry C. The Self and Social Behavior in Differing Cultural Contexts[J]. Psychological Review, 1989, 96(3): 506 – 520.

[213] Trope Y, Liberman N. Temporal Construal [J]. Psychological Review, 2003, 110(3): 403 – 421.

[214] Tu L, Khare A, Zhang Y. A Short 8-item Scale for Measuring Consumers' Local-global Identity [J]. International Journal of Research in Marketing, 2012, 29(1): 35 – 42.

[215] Vallacher R R, Wegner D M. What Do People Think They're Doing? Action Identification and Human Behavior[J]. Psychological Review, 1987, 94(1): 3 – 15.

[216] Vallacher R, Wegner D. Levels of Personal Agency: Individual Variation in Action Identification[J]. Journal of Personality and Social Psychology, 1989, 57: 660 – 671.

[217] Wang Y, Kirmani A, Li X. Not Too Far to Help: Residential Mobility, Global identity, and Donations to Distant Beneficiaries [J]. Journal of Consumer Research, 2021, 47(6): 878 – 889.

[218] Wan W E, Jing X, Ying D. To Be or Not to Be Unique? The Effect of Social Exclusion on Consumer Choice[J]. Journal of Consumer Research, 2014(6): 1109 – 1122.

[219] Weiner B. An Attributional Theory of Motivation and Emotion [M]. New York: Springer, 1986.

[220] Westjohn S A, Arnold M J, Magnusson P, et al. Technology Readiness and Usage: A Global-identity Perspective[J]. Journal of the Academy of Marketing Science, 2009, 37(3): 250 – 265.

[221] Westjohn S A, Arnold M J, Magnusson P, et al. The Influence of Regulatory Focus on Global Consumption Orientation and Preference for Global versus Local Consumer Culture Positioning [J]. Journal of International Marketing, 2016, 24(2): 22 - 39.

[222] Westjohn S A, Singh N, Magnusson P. Responsiveness to Global and Local Consumer Culture Positioning: A Personality and Collective Identity Perspective [J]. Journal of International Marketing, 2012, 20(1): 58 - 73.

[223] White K, Argo J J. When Imitation Doesn't Flatter: The Role of Consumer Distinctiveness in Responses to Mimicry[J]. Journal of Consumer Research, 2011, 38(4): 667 - 680.

[224] Wondra J D, Ellsworth P C. An Appraisal Theory of Empathy and Other Vicarious Emotional Experiences[J]. Psychological Review, 2015, 122(3): 411 - 428.

[225] Wong N, Ahuvia A C. Personal Taste and Family Face: Luxury Consumption in Confucian and Western Societies[J]. Psychology and Marketing, 1998, 15(5): 423 - 441.

[226] Wyer R S, Xu A J. The role of Behavioral Mind-sets in Goal-Directed Activity: Conceptual Underpinnings and Empirical Evidence[J]. Journal of Consumer Psychology, 2010, 20(2): 107 - 125.

[227] Xie Y, Batra R, Peng S. An Extended Model of Preference Formation Between Global and Local Brands: The Roles of Identity Expressiveness, Trust, and Affect[J]. Journal of International Marketing, 2015, 23(1), 50 - 71.

[228] Xu A J, Wyer R S. The Role of Bolstering and Counterarguing Mind-Sets in Persuasion[J]. Journal of Consumer Research, 2012, 38(5): 920 - 932.

[229] Xu J, Shen H, Wyer R S. Does the Distance between us Matter? Influences of Physical Proximity to Others on Consumer Choice[J].

Journal of Consumer Psychology, 2012, 22(3): 418 – 423.

[230] Yang Z, Sun S, Lalwani A K, et al. How Does Consumers' Local or Global Identity Influence Price-Perceived Quality Associations? The Role of Perceived Quality Variance[J]. Journal of Marketing, 2019, 83(3): 145 – 162.

[231] Yoon S J, Cannon H M, Yaprak A. Evaluating the CYMYC Cosmopolitanism Scale on Korean Consumers[J]. 1996(7): 211 – 232.

[232] Zhang Y, Hong Y. When the Accessible Global Identity Leads to Unfavorable Evaluations of Global Products? The Roles of Consumers' Lay Theory on Global and Local Cultures. In: Gürhan-Canli Z, Otnes C, Zhu R (eds). NA-Advances in Consumer Research[M]. Duluth, MN: Association for Consumer Research, 2012, 40, 688 – 689.

[233] Zhang Y, Khare A. The Impact of Accessible Identities on the Evaluation of Global versus Local Products[J]. 2009, 36(3): 524 – 537.

[234] Zhou L, Teng L, Poon P S. Susceptibility to Global Consumer Culture: A Three-dimensional Scale [J]. Psychology and Marketing, 2008, 25(4): 336 – 351.

[235] Zhu R J, Argo J J. Exploring the Impact of Various Shaped Seating Arrangements on Persuasion[J]. Journal of Consumer Research, 2013, 40(2): 336 – 349.

[236] Özsomer A, Altaras S. Global Brand Purchase Likelihood: A Critical Synthesis and an Integrated Conceptual Framework. Journal of International Marketing, 2008, 16(4), 1 – 28.

[237] Özsomer A. The Interplay Between Global and Local Brands: A Closer Look at Perceived Brand Globalness and Local Iconness[J]. Journal of International Marketing, 2012, 20(2): 72 – 95.

附录

附录 1 品牌定位操作材料(第五章)

了解本土品牌运动

　　本土品牌运动正在火热进行中！本土品牌运动旨在加深人们对本土品牌的认识和了解。请您仔细阅读本页，了解更多关于本土品牌的信息，并在页面底部留下您的回答，就可以表示您对本土品牌运动的支持。

　　具体来说，本土品牌会具备如下特征：

● 本土品牌是与本地或中国相关的一种典型象征
● 本土品牌代表着与本地文化或中国文化相关的一切
● 本土品牌主要在本地进行销售
● 本土品牌试图与本地文化或中国文化相联系
● 本土品牌主要面向本地或中国的顾客

　　我们的本土品牌运动需要您的支持，请留下您的回答表明您对本土品牌运动的认识。您的回答对我们而言意义重大。非常感谢！

了解全球品牌运动

　　全球品牌运动正在火热进行中！全球品牌运动旨在加深人们对全球品牌的认识和了解。请您仔细阅读本页，了解更多关于全球品牌的信息，并在页面底部留下您的回答，就可以表示您对全球品牌运动的支持。

　　具体来说，全球品牌会具备如下特征：

● 全球品牌是与全球相关的一种典型象征
● 全球品牌代表着与全球文化相关的一切
● 全球品牌主要在世界各地进行销售
● 全球品牌试图与全球文化相联系
● 全球品牌主要面向全球的顾客

　　我们的全球品牌运动需要您的支持，请留下您的回答表明您对全球品牌运动的认识。您的支持对我们而言意义重大。非常感谢！

附录 2　消费者产品选择(第五章)

1. 实验 1 涉及的产品刺激材料

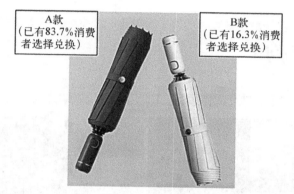

A款
(已有83.7%消费者选择兑换)

B款
(已有16.3%消费者选择兑换)

2. 实验 2 涉及的产品刺激材料

3. 实验 3 涉及的产品刺激材料

附录3　品牌概念刺激材料(第六章)

1. 实验1A涉及的品牌刺激材料

2. 实验 1B 涉及的品牌刺激材料

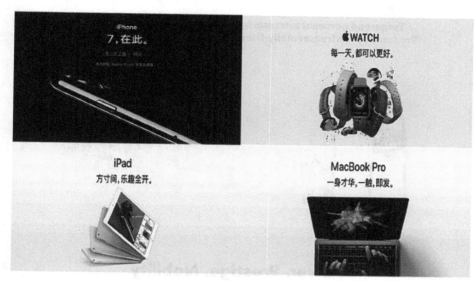

六神利用植根于传统中医的"六神原液",

积极发展中草药的现代化应用。

1990年第一瓶六神花露水问世,它紧紧抓住了

国内消费者对中草药的信赖和青睐心理,

一直保持着其鲜明本土文化特色品。

夏季、中草药、全家共享,

这些都是与六神密切相关的关键词。

在当今国内民族日化品牌中,起着中流砥柱的作用。

3. 实验 2 涉及的品牌刺激材料

Nature, Peace, Purity

Transcend personal interests by purchasing **benevolent** Vesalus
Produced by **environmentally-friendly** technique for a taste of **purity**

Power, Prestige, Nobility

Enhance personal achievements by purchasing **powerful** Vesalus
Produced by **cutting edge** technique for a taste of **superiority**